HISTOIRES VRAIES DE CHATS EXTRAORDINAIRES

HISTOIRES VRAIES
DE
CHATS
EXTRAORDINAIRES

Réunies par Karen Dolan

le pré aux clercs

Titre original : *BEST TRUE CAT STORIES*

Traduit de l'anglais par Sylvaine CHARLET

Lettrines originales : Doris FERREIRA

Publication originale en Grande-Bretagne, 2001,
par Michael O'Mara Books Limited

ISBN 2-84228-185-3
N° d'éditeur : 173

www.lepreauxclercs.com

Sommaire

LES CHATS DE Mme BOND

James Herriot

— JE M'OCCUPE DE CHATS.

C'est ainsi que Mme Bond s'est présentée, lors de ma première visite, en s'emparant fermement de ma main et en avançant la mâchoire d'un air de défi comme pour bien me faire comprendre ce que je devais faire entrer dans ma tête, et dans les plus brefs délais. C'était une femme à la carrure impressionnante, avec un visage massif et des pommettes hautes, et une prestance de cheftaine qui ne passait pas inaperçue. Comme jamais je n'aurais osé lui tenir tête pour quelque motif que ce soit, je me contentai d'opiner avec gravité en la laissant croire que j'avais fort bien saisi tout ce que cette introduction musclée sous-entendait, que j'étais parfaitement d'accord avec elle et que cela l'autorisait, en conséquence, à me laisser pénétrer dans sa maison.

J'ai tout de suite compris de quoi il était question. La grande pièce qui servait à la fois de cuisine et de séjour était entièrement consacrée aux chats. Il y en avait partout, sur les canapés, sur les chaises, sautant sur le plancher telles des cascades ou assis en rang d'oignons sur le rebord des fenêtres, et, au milieu de cette ménagerie, le petit M. Bond, tout pâlot, en manches de chemise, avec sa fine moustache, en train de lire son journal.

C'était un tableau qui allait devenir pour moi des plus familiers. Il était évident que les animaux, pour la plupart, n'étaient pas castrés, pour la bonne raison que l'atmosphère baignait dans une odeur caractéristique d'urine – d'une âcreté qui couvrait même les relents écœurants se dégageant des énormes casseroles posées sur le poêle et dans lesquelles mijotait une infâme mixture destinée aux repas des protégés. Et ce brave M. Bond était toujours là, toujours en manches de chemise, lisant son journal, tel un petit îlot émergeant à peine au milieu d'un océan de chats.

Bien sûr, j'avais entendu parler du couple Bond. C'étaient des Londoniens qui, pour quelque obscure raison, à l'heure de la retraite, avaient choisi de se retirer dans le nord du Yorkshire. Ici la rumeur a couru qu'ils disposaient d'un « petit pécule » grâce auquel ils avaient pu acheter, à la périphérie de Darrowby, une vieille maison où ils se sont installés et ont commencé à s'occuper d'eux-mêmes – et des chats. J'avais déjà eu vent de cette Mme Bond qui n'hésitait pas à nourrir tous ceux du secteur et même à leur offrir l'hospitalité, si nécessaire. Et cela m'avait tout de suite prédisposé en sa faveur, car Dieu sait si ces pauvres bêtes semblent appartenir à une espèce particulièrement en butte aux mauvais traitements et à la négligence des humains. On leur tire dessus, on leur lance des projectiles, on les laisse crever de faim et on apprend aux chiens à les courser, histoire de rigoler.

Cela me faisait chaud au cœur de voir que quelqu'un prenait leur défense.

Mon patient, pour cette première visite, était un gros chaton, boule de poils noir et blanc terrifiée et blottie dans un coin.

— C'est un de ceux du dehors, grommela Mme Bond.

— Du dehors ?

— Oui. Tous ceux que vous voyez ici vivent dedans. Les autres, ce sont les vrais sauvages, ceux qui refusent d'entrer dans la maison. Je les nourris aussi, bien sûr, mais les seules fois où ils viennent à l'intérieur, c'est quand ils sont malades.

— Ah oui, je vois.

— J'ai eu un mal de chien à attraper celui-là. Je crois qu'il a des problèmes aux yeux – on dirait qu'une peau leur pousse par-dessus. J'espère que vous pourrez faire quelque chose. Au fait, il s'appelle Alfred.

— Alfred ? Ah bon. Très bien.

M'avançant avec mille précautions vers le petit animal pas encore adulte, je fus accueilli par une série de coups de griffes et de crachotis colériques. Se sentant coincé, il était prêt à filer comme un éclair.

L'examiner n'allait pas être une mince affaire. Je me tournai vers Mme Bond :

— Pourrais-je avoir un vieux drap ou quelque chose de ce genre ? Il faut que je l'emmaillote.

— L'emmailloter ?

Mme Bond sembla perplexe, mais elle disparut dans une autre pièce, puis revint avec un drap déchiré, dont il me fallut bien me contenter.

Je dégageai la table recouverte d'une multitude de félins occupés à finir divers plats et de piles de livres sur les chats ou traitant de médecine pour les chats. J'étalai le drap et m'approchai à nouveau de mon patient. Dans ce genre de situation, il ne faut pas être pressé. Je passai cinq bonnes minutes à l'appeler, à minauder, à le cajoler de la voix tout en tendant très doucement une main vers lui. Quand j'eus atteint le niveau de son nez, d'un geste sec je l'attrapai par le cou. Je tenais mon Alfred, qui protestait amèrement en lançant des coups de patte dans toutes les directions, et le déposai sur la table. Là, tout en le maintenant plaqué contre le plateau, je commençai à l'emmailloter avec le drap.

C'est une opération obligatoire avec les chats récalcitrants et, en toute modestie, je crois être passé maître en cet art. L'idée consiste à créer une coque protectrice qui ne laisse dépasser que la partie du corps de l'animal à ausculter ou à soigner : une patte abîmée, ou la queue, ou encore, comme ici, la tête. Je crois que c'est ce jour-là que Mme Bond développa envers ma personne une confiance aveugle, lorsqu'elle observa avec quelle dextérité j'avais enveloppé son chat dans le drap, jusqu'à ce qu'on ne voie plus qu'une petite tête noir et blanc au sommet d'un énorme cocon scellé. À présent, Alfred, que rien ne pouvait plus délivrer, et moi nous faisions face, pratiquement les yeux dans les yeux.

Comme je l'ai déjà dit, je ne suis pas peu fier de ce coup de main et même aujourd'hui mes frères vétérinaires s'exclament parfois : « Ce vieux Herriot est peut-être dépassé dans certains domaines mais, pour ce qui est d'emmailloter les chats, c'est un virtuose. »

Après avoir examiné Alfred, je constatai qu'il ne s'agissait pas d'une peau qui lui poussait sur les yeux. Cela n'avait même jamais été le cas.

— Il fait une paralysie de la troisième paupière, madame Bond. Les animaux possèdent une membrane qui cligne sur l'œil pour le protéger. Ici, elle n'est pas remontée, probablement parce que le chat n'est pas en très bonne santé – peut-être un peu de coryza ou une autre infection qui l'aura affaibli. Je vais lui faire une injection de vitamines et vous laisser une poudre à mêler à sa nourriture, si vous pouvez le garder quelques jours à l'intérieur. Je pense qu'avec ça, il sera rétabli dans une semaine ou deux.

La piqûre n'a pas posé de problème ; Alfred était furieux mais impuissant, coincé dans son drap. Puis je pris congé de Mme Bond.

Beaucoup d'autres visites suivirent. Cette dame et moi avions établi une relation immédiate qui se renforçait chaque fois par le fait que j'étais toujours prêt à passer le temps qu'il fallait pour parvenir à exercer mes talents auprès de ses pensionnaires. C'est ainsi que, pour mettre la main sur tel ou tel chat « du dehors », je me suis vu ramper sous des tas de bois, grimper aux arbres ou fouiller les buissons à n'en plus finir. Mais j'ai la conviction que ces visites un peu folkloriques étaient, à bien des égards, extrêmement gratifiantes.

Par exemple, je me régalais de la diversité des noms que Mme Bond donnait à ses chats. Fidèle à son éducation londonienne, elle s'était inspirée pour les nommer de la fameuse équipe sportive de l'Arsenal à cette époque – Eddie Hapgood, Cliff Bastin, Ted Drake, Wilf Copping –, mais elle a vite été obligée de puiser à une autre source, parce que Alex James avait des chatons trois fois par an, avec une remarquable régularité.

Et puis elle avait une façon bien à elle de les appeler pour qu'ils rentrent à la maison. La première fois que je l'ai vue procéder, c'était par un beau soir d'été. Les deux chats qu'elle voulait me faire ausculter étaient quelque part dans le jardin et je l'ai accompagnée jusqu'à la porte donnant sur l'arrière de la maison. Là elle s'arrêta, serra les mains contre sa poitrine, ferma les yeux et commença à appeler d'une voix mélodieuse de contralto :

— Bates, Bates, Bates, Ba-ates.

Elle chantait les mots sur un ton monocorde et précieux, sauf au moment du petit décrochement sur « Ba-ates ». Puis elle prenait une longue inspiration, telle une prima donna, et relançait son appel, musical et affectueux, avec une immense douceur.

— Bates, Bates, Bates, Ba-ates.

En tout cas, ça a marché, parce que Bates-le-chat est sorti en trottinant d'un bosquet de lauriers. Mais restait l'autre patient et j'observai avec intérêt ce qu'allait faire Mme Bond.

Elle reprit la pose, respira un grand coup, ferma les paupières, laissa apparaître un demi-sourire très tendre sur son visage, puis entonna :

— Sept-fois-trois, Sept-fois-trois, Sept-fois-trois-âh.

C'était la même mélodie que pour Bates, avec crescendo et retombée finale. Mais cette fois, pas de réponse. Mme Bond dut se livrer au même rituel à plusieurs reprises. Les notes s'attardaient dans la tiédeur du soir au point de former une mélopée qui faisait songer, de façon étonnante, au muezzin lançant l'appel à la prière.

Finalement, Sept-fois-trois, une écaille de tortue grassouillette, daigna rentrer en se faufilant, comme pour s'excuser, le long des murs.

— Redites-moi, s'il vous plaît, madame Bond, demandai-je en essayant de garder un ton désinvolte, comment s'appelle ce chat. Je n'ai pas bien compris.

— Oh, Sept-fois-trois ? fit-elle avec un sourire rêveur. Oui, elle est tellement mignonne ! Elle a eu trois petits sept fois de suite, voyez-vous, alors j'ai pensé que ce nom lui irait bien, vous ne trouvez pas ?

— Oui, oui, en effet. C'est parfait, c'est superbe.

Une autre chose qui me plaisait infiniment chez Mme Bond, c'était son souci de moi, de ma sécurité. J'appréciais d'autant plus que cette attitude était assez rare chez les propriétaires d'animaux. Je me souviens d'un entraîneur qui, après qu'un de ses chevaux de course m'eut éjecté de son box à coups de sabot, s'était précipité pour examiner son quadrupède et s'assurer qu'il ne s'était pas fait mal aux pieds ! Ou de cette petite dame âgée parlant de son berger allemand qui me montrait toutes ses dents : « Vous serez gentil avec lui, n'est-ce pas, docteur, et surtout ne lui faites pas de mal, il est très nerveux » ; ou encore de ce fermier qui, après un vêlage tellement laborieux que je crois bien avoir perdu, à cette occasion, deux années d'espérance de vie, me lança : « J'ai bien peur que vous ayez exténué ma vache, jeune homme. »

Mme Bond était différente. Elle avait pris l'habitude de m'attendre sur le seuil de sa porte avec une énorme paire de gants pour que je me protège les mains des coups de griffes, et, pour moi, c'était un soulagement indicible de rencontrer quelqu'un qui s'en préoccupait. C'était même devenu un rituel dans ma vie : la remontée de l'allée du jardin au milieu d'innombrables petites créatures furtives, aux regards sauvages – les chats du dehors –, la cérémonie des remerciements en recevant, sur le seuil, la paire de gants protectrice, puis l'introduction dans l'atmosphère de cuisine surchargée de miasmes, avec le petit M. Bond et son éternel journal, à peine visible dans cette profusion de fourrures – les chats du dedans. En revanche, je ne saurais me prononcer sur l'attitude de M. Bond envers tous ces pensionnaires – m'est avis qu'il n'a jamais dû avoir vraiment son mot à dire –, mais j'avais l'impression qu'il aurait pu aussi bien vivre avec que sans eux.

Les gants étaient pour moi d'un grand secours, pour ne pas dire, certaines fois, une véritable bénédiction. Comme dans le cas de Boris. C'était un animal énorme, de la famille des chats du dehors, d'un beau noir corbeau, et *ma* « bête noire » de bien des façons. J'ai toujours eu la conviction profonde qu'il devait s'être échappé d'un zoo : je n'avais en effet jamais vu un chat domestique doté d'une musculature aussi souple, aussi développée, et d'une telle férocité. Il devait y avoir du puma chez Boris.

Cela a dû être une date douloureusement mémorable pour la colonie féline le jour où Boris a débarqué. Je n'ai jamais pu détester un animal, quel qu'il soit, car tous ceux qui essaient de nous faire du mal sont toujours mus par la peur, mais, pour Boris, c'était différent : c'était un mâle vicieux. Après son arrivée, la fréquence de mes visites augmenta sensiblement, à cause des blessures qu'il infligeait régulièrement à tous les autres. Je passais mon temps à recoudre des oreilles déchirées et à panser des pattes mordues.

Nous avons très vite été, Boris et moi, confrontés à

une épreuve de force. Mme Bond voulait que je lui administre un vermifuge et j'avais préparé un cachet, maintenu entre les mâchoires par une petite pince. Comment je suis parvenu à l'attraper, je ne saurais le dire, mais en un tournemain je l'avais bloqué sur la table et emmailloté à toute vitesse, le recouvrant de couches successives de tissu. Pendant quelques secondes, je pensai l'avoir à ma merci lorsqu'il leva les yeux sur moi, des yeux immenses, brillants et pleins de haine. Et tandis que j'introduisais dans sa gueule ma pince avec le cachet au bout, il referma soudain les dents comme un étau, et ses griffes, d'une incroyable puissance, déchirèrent l'intérieur du drap. En une seconde, c'en était fini. Une longue patte s'extirpa du cocon et m'accrocha le poignet. Comme je le tenais par le cou, j'ai bien dû lâcher prise et, en un éclair, Boris avait planté ses crocs dans le gras de mon pouce à travers le gant et pris la fuite. Je restai interloqué, le cachet en miettes dans ma main ensanglantée, regardant stupidement le tas de lanières déchiquetées qui, autrefois, avait été un drap. Depuis ce jour, Boris me détesta cordialement, et ce sentiment était partagé.

Mais cet épisode n'était qu'un petit orage dans un ciel serein. Je continuai à prendre grand plaisir à chacune de mes visites et la vie poursuivit son cours tranquille à l'exception, peut-être, des sempiternelles plaisanteries de mes confrères. Ils ne comprenaient pas pourquoi j'acceptais de passer autant de temps avec cette armée de chats. C'était une sorte de tendance générale. Même mon collaborateur le plus proche, Siegfried, n'arrivait pas à imaginer que les gens puissent avoir envie de vivre avec des animaux chez eux. Il ne comprenait pas cette mentalité et faisait part à qui voulait l'entendre de ses réflexions à ce sujet. Lui-même, bien sûr, dans le même temps, cohabitait avec cinq chiens et deux chats ! Il emmenait partout en voiture, dans ses déplacements, ses cinq chiens, pas un de moins, et il nourrissait tous les jours à la main ses animaux – en ne laissant surtout pas cette tâche à quelqu'un d'autre. Le soir venu, ses sept pensionnaires se blottissaient autour de ses pieds devant la cheminée. Mais, à l'en croire, même aujourd'hui, il est toujours aussi radicalement contre le fait d'avoir des animaux domestiques, alors qu'une nouvelle génération de petits chiots jouant gaiement de la queue lui bouchent la vue quand il arpente les routes de campagne au volant de sa voiture. J'ajoute qu'il possède aussi, outre plusieurs chats, des aquariums avec des poissons tropicaux, ainsi qu'un couple de serpents.

Mon assistant Tristan a voulu m'accompagner un jour chez Mme Bond. J'étais en train de choisir un long forceps dans l'armoire de chirurgie de la clinique lorsqu'il entra dans la pièce.

— Quelque chose d'intéressant, Jim ? demanda-t-il.

— Non, pas vraiment. Je vais seulement faire un saut chez Mme Bond pour voir un de ses chats, qui aurait un os coincé entre les dents.

Le jeune homme m'observa un moment, une idée lui trottant derrière la tête.

— Puis-je venir avec vous ? Je n'ai pas eu affaire à beaucoup de petits animaux ces temps-ci.

Tandis que nous nous rendions sur les lieux, je me sentais un peu embarrassé. Une des choses qui avaient contribué à construire ma chaleureuse relation avec Mme Bond était mon attitude de tendresse systématique avec ses protégés. Même avec le plus sauvage et le plus agressif, je ne manifestais que gentillesse, patience et sollicitude. Je ne me forçais pas, c'était chez moi quelque chose de naturel. Pourtant, je ne pouvais m'empêcher de me demander ce que Tristan allait penser de ma prestation dans le style garde-malade pour chats.

Dès notre arrivée, Mme Bond, qui avait tout de suite compris la situation, nous tendit une paire de gants à chacun. Tristan parut un peu surpris, mais remercia la dame avec son charme habituel. Il fut encore plus étonné lorsqu'il pénétra dans la cuisine, renifla l'atmosphère épaisse et découvrit les masses de créatures à fourrure qui occupaient le moindre espace.

— Monsieur Herriot, je crains que ce ne soit Boris. Il s'est coincé un os entre les dents, annonça Mme Bond.

— Boris !

Mon estomac faillit se retourner. Comment diable allions-nous faire pour l'attraper ?

— Oh, c'est que j'ai été maligne, répondit-elle. Je suis arrivée à le faire entrer dans un panier en l'attirant avec sa nourriture préférée.

Tristan posa la main sur une grosse cage d'osier trônant au milieu de la table.

— Là ? Il est là-dedans ? demanda-t-il d'un ton désinvolte.

Il fit glisser le verrou et ouvrit la trappe. Pendant un tiers de seconde, la créature tapie au fond et Tristan échangèrent des regards intenses, puis un corps noir et agile explosa littéralement hors de la cage, frôla l'oreille gauche du jeune homme et bondit sur le sommet d'un placard.

— Seigneur ! s'écria Tristan. Qu'est-ce que c'est que ce truc-là ?

— Ce truc-là, répondis-je, c'était Boris, et maintenant il va falloir lui remettre la main dessus.

Je grimpai aussitôt sur une chaise, tendis doucement les mains vers le chat et commençai à appeler « Minou, minou, minou » d'un ton suppliant.

Au bout d'une minute, Tristan parut avoir une bien meilleure idée : il effectua tout à coup lui-même un bond et attrapa la queue de Boris. Mais cela n'a pas duré longtemps parce que le gros chat, qui avait su lui glisser aussitôt entre les doigts comme une anguille, entama une course folle autour de la pièce en sautant d'un placard sur une armoire via les doubles rideaux. On se serait cru au cirque, pendant ce numéro qu'on appelle la roue de la mort.

Tristan se posta alors en un point stratégique et, comme Boris filait à toute allure, il tenta de lui lancer son gant à travers le corps.

— Raté ! Ah, la sale bête ! cria-t-il de dépit. Mais le revoilà… tiens, attrape, imbécile ! Et zut, j'arrive pas à le choper !

Les chats du dedans (obéissants, eux), alertés par le tapage que faisaient les assiettes, les boîtes de conserve et les casseroles qui volaient tous azimuts, ainsi que par les hurlements et les gesticulations de Tristan, commencèrent à s'affoler eux aussi et à courir dans tous les sens, sautant par-dessus ce que Tristan avait raté avec son gant. Le bruit et la confusion parvinrent jusqu'à M. Bond, qui finit par lever la tête un instant, pour jeter un coup d'œil circulaire n'exprimant qu'un vague étonnement tranquille face à ce capharnaüm général. Puis il repiqua du nez dans sa lecture.

Tristan, excité par la course poursuite, s'amusait comme un fou. J'eus un moment d'hésitation lorsqu'il me cria d'un ton joyeux :

— Bloquez-le, Jim, et au prochain tour, je le coince !

Nous n'avons jamais pu attraper Boris. Nous avons dû laisser faire la nature et attendre que le bout d'os coincé se détache de lui-même. D'un point de vue vétérinaire, cette visite n'avait pas été à proprement parler un succès. Mais en remontant dans la voiture, Tristan avait l'air ravi.

— C'était super, Jim. Je ne pensais pas que vous vous amusiez autant avec les chats.

En revanche, lorsque plus tard je revis Mme Bond, elle semblait nourrir une tout autre opinion à propos de cet incident.

— Monsieur Herriot, me dit-elle, j'espère que vous ne ramènerez plus ce jeune homme avec vous.

LE CHAT DE JEREMY BENTHAM

John Bowring

BENTHAM (1748-1832) était un grand défenseur de l'utilitarisme. Dans ce texte, son ami Bowring décrit un de ses chats préférés.

Bentham adorait les animaux, et surtout les « pussy », comme il les appelait, lorsqu'ils étaient dotés de vertus domestiques, mais il n'affichait pas d'affection particulière pour les chats de gouttière. Il en possédait un, cependant, dont il disait volontiers qu'il avait « fait de lui un homme » et qu'il invitait à sa table pour partager ses macaronis. Ce chat fut même anobli et reçut le nom de *sir* John Langbourne. Tout petit, c'était un joyeux chenapan et, pour dire la vérité, extrêmement turbulent et dissipé. Selon les dires de son maître, il avait pris un peu plus tard l'habitude de séduire les jolies jeunes femelles en mal de frivolités dans le jardin de Queen's Square Place. Mais un jour, lassé, tel Salomon, des plaisirs et des vanités de ce monde, il s'assagit et devint méditatif – rentra dans le giron de l'Église, renonça à son titre de noblesse et posa ses valises en tant que révérend John Langbourne. Peu à peu, il acquit une grande réputation de sainteté et de sagesse, et on lui décerna même un diplôme. Quand je l'ai rencontré pour la première fois, il accusait déjà un certain âge et tout le monde l'appelait révérend docteur John Langbourne. À le voir, en effet, il en exprimait tout à fait la gravité et la philosophie. Il ne serait venu à l'idée de personne de ne pas lui manifester le plus grand respect. On lui rendait tant d'honneurs que, sur ses vieux jours, on lui aurait presque offert la dignité d'évêque. Il mourut au milieu des regrets de ses nombreux amis et, pour son repos éternel, rejoignit les restes de ses ancêtres dans un cimetière sis dans le jardin de Milton.

UN CHAT BIEN CONSCIENCIEUX

Agnes A. Sandham

C'ÉTAIT UN ENDROIT CURIEUX pour un chat : les mines hydrauliques perdues dans les montagnes de la Sierra Nevada, en Californie. D'où venait cette petite femelle, personne n'aurait su le dire. Ma rencontre avec elle s'est produite d'une manière singulière et pour le moins étonnante. Voici comment les choses se sont passées.

Je visitais les mines, et, sous la conduite du régisseur des lieux, venais de suivre la ligne de crête d'une colline escarpée, couverte d'une haute et superbe pinède qui surplombait ce site d'une tristesse infinie, tellement isolé et sinistre que cela en devenait presque effrayant. Je n'ai pas pu m'empêcher de demander :

— À part un chercheur d'or, qui peut bien avoir envie de vivre ici ?

— Attendez un peu et vous allez voir, répondit mon guide en se dirigeant vers une cabane rudimentaire qui servait d'abri aux mineurs.

C'est juste à ce moment-là que j'ai eu la surprise de voir un chat blanc se précipiter vers nous, la queue toute gonflée, avec à sa suite (ou poursuite ?) un groupe d'hommes armés de pics et de pioches.

Prise de pitié pour cet animal qui essayait, apparemment, de sauver sa peau, je jetai un coup d'œil à la cabane qui, semblait-il, ne pouvait être que son unique refuge. C'est alors que je vis en émerger une tête de chien – seulement la tête –, qui s'immobilisa. Le chat s'est engouffré dans la cabane et, avant même que la tête du chien ait pu se retirer pour lui laisser le passage, on a entendu le bruit d'une fracassante collision accompagnée de grognements et de miaulements stridents qui, de toute évidence, indiquaient une rencontre entre un chat en colère et un chien abasourdi. Malgré ma sympathie pour le chat, je n'ai pu m'empêcher d'éclater de rire devant l'incongruité de la situation – rire repris par tous ces hommes cruels qui, d'après moi, pourchassaient la pauvre bête avec des desseins meurtriers. Mais mon rire s'étrangla dans ma gorge lorsque j'aperçus tout un pan de montagne dévaler dans ma direction. Alors, suivant l'exemple du chat, j'ai vite fait demi-tour et couru à toutes jambes pour me réfugier, moi aussi, dans la cabane, tandis que l'hilarité des hommes redoublait.

— Bon sang, qu'est-ce qui se passe ? m'écriai-je, perplexe devant cette scène insolite. Un chat qui se sauve, des hommes qui courent, une montagne qui se met en mouvement…

Puis, avec force plaisanteries et fous rires, on m'expliqua tout.

Par une froide nuit d'orage, environ un an avant ma visite, les hommes avaient été alertés par un petit miaulement pitoyable près de leur campement. Un des mineurs s'était dirigé vers l'endroit d'où provenait cet appel de détresse et était revenu en tenant dans ses bras une misérable chatte perdue, encore bébé et plus morte que vive. Comment avait-elle seulement pu parvenir jusqu'à ce camp de mineurs perché en pleine montagne, et d'où venait-elle ? Voilà des mystères qui restent entiers encore aujourd'hui. Mais les mineurs, bien connus pour être des cœurs tendres, et prompts à accueillir comme une aubaine tout ce qui pourrait rompre la monotonie de leur labeur quotidien, eurent pitié du chaton et l'adoptèrent aussitôt. Il est possible aussi qu'il leur rappelait de façon fort nostalgique, au fond de leur solitude, loin de toute vie familiale, un peu du bonheur de leur enfance et du foyer d'autrefois, quelque part dans une forêt du Maine ou dans les collines du New Hampshire. C'était comme une image, un symbole de la vie domestique qu'ils n'avaient pas, et qui ressuscitait en chacun d'eux les jours heureux et insouciants d'un passé dont ils s'étaient à jamais éloignés en se lançant dans cette course folle et aventureuse qu'est la fièvre de l'or.

Bref, les mineurs adoptèrent le chaton et lui donnèrent tellement de caresses et de tendresse, avec du lait à volonté et un bon feu devant lequel se pelotonner, qu'il se mit bientôt à ronronner de contentement comme s'il n'avait jamais connu les malheurs d'une vie errante.

À la mine, le travail ne s'arrête jamais. De jour comme de nuit, les équipes se relaient à intervalles réguliers. C'est ainsi que Pussy, qui dormait tranquillement près du feu, a soudain été réveillée par du remue-ménage dans la pièce. Ouvrant un œil, elle vit que le mineur qui l'avait recueillie s'apprêtait à reprendre son travail. Décidée à ne pas perdre de vue son bienfaiteur, elle se leva et le suivit. Quand la nouvelle équipe arriva à son poste, au cœur de la mine,

Pussy s'installa pres de son nouvel ami et observa attentivement tout ce qui se déroulait.

Dans une mine hydraulique, un jet d'eau sert de pique et de pelle. Grâce à une énorme pression, l'eau arrive par une canalisation de plus d'un mètre de diamètre et, sous forme de torrent, attaque le flanc boueux de la montagne, là où l'or est censé se cacher. Le jet puissant ravine et creuse la roche, séparant l'or du gravier. On a aussi parfois recours aux explosifs pour accélérer le travail de prospection.

C'était dans une de ces mines que la petite réfugiée s'était fait des amis et, après plusieurs visites sur place, où elle avait bien observé toutes les opérations, il semble qu'elle ait mémorisé dans sa cervelle le fait que, dès que la grande paroi de terre face à elle manifestait des signes de désagrégation sous l'action de l'eau, les hommes se précipitaient dehors et couraient vers l'abri. Ce qu'elle faisait désormais, elle aussi, pour éviter d'être ensevelie. Ainsi donc, avait compris Pussy, si mes bons amis sont en danger quand la paroi commence à se disloquer, pourquoi ne pourrais-je pas, moi, pour les remercier de leur gentillesse, garder un œil sur cette paroi et leur donner un signal quand c'est le bon moment pour évacuer ?

Tout le monde le sait, les chats ne détestent rien tant que l'eau. Il suffit de voir comment les nôtres secouent leurs pattes après avoir marché dans une flaque, ou l'air dégoûté qu'ils prennent si une goutte de pluie leur tombe sur le nez ou le dos ! Mais cette chatte de la Sierra Nevada était extrêmement consciencieuse. Elle sentait qu'il était de son devoir de faire quelque sacrifice pour ses amis et c'est pourquoi, après avoir bien réfléchi, elle décida que sa place se trouverait désormais au sommet du monitor (l'énorme lance par où l'eau jaillit) ; ainsi perchée, en dépit des douches inopinées qu'il lui arrivait, par moments, de recevoir, elle restait fidèlement à son poste, attentive à tout mouvement de la paroi, prête à filer prestement, le reste des mineurs lui emboîtant le pas, jusqu'à la cabane. Elle remplit cette tâche qu'elle s'était assignée à elle-même avec une telle constance que les hommes prirent vite l'habitude de ne plus s'inquiéter du danger que représentait la paroi sur le point de s'effondrer, attendant que Pussy donnât le signal du départ. Dès qu'elle sautait du petit lit douillet qu'ils lui avaient aménagé sur le monitor, ils criaient : « Le chat ! Le chat ! » et se ruaient vers la sortie. Et moi, j'étais arrivée pour la visite juste à un de ces moments-là : le chat, très consciencieusement, emmenait ses amis loin du danger.

La petite bête avait également appris à distinguer les différentes phases de l'extraction minière ; quand le monitor ne servait plus qu'à laver l'or ou à effectuer une simple opération de nettoyage, elle savait que cela ne représentait aucun risque et restait sereinement les yeux mi-clos, pattes en rond sur son coussin, se moquant de ce qui se passait autour d'elle, jusqu'à ce que, par un étrange instinct, elle sût que le monitor était de nouveau en train d'attaquer la roche. Alors, à l'instant même, elle se réveillait et recommençait à faire le guet. La couleur blanche de son pelage était, par ailleurs, facile à repérer pour les hommes. Et par les nuits sans lune, elle servait de guide aux mineurs qui venaient relever l'équipe à laquelle elle appartenait. Pour rien au monde elle n'aurait renoncé à ce travail.

À peu près à l'époque où Pussy était arrivée à la mine, un jeune chiot, bâtard assez disgracieux, avait été laissé au camp par quelqu'un qui ne l'avait pas jugé assez intéressant pour l'emmener. Et bien sûr, les mineurs, gentiment, l'avaient gardé. Malheureusement, ce chien était aussi peureux que le chat pouvait se montrer héroïque. Il n'avait pas beaucoup de cervelle et craignait à peu près tout. Grâce à son instinct, il avait néanmoins fini par comprendre que, lorsque les hommes se mettaient à courir, cela signifiait « danger ». Il fallait alors le voir déguerpir, lui aussi, se mettre à l'abri dans la cabane et, tremblant de peur, se cacher dans le coin le plus reculé, la queue entre les pattes. De toute évidence, quand je suis arrivée, il n'avait pas entendu le signal du sauve-qui-peut habituel. Il dormait. Voilà pourquoi le chat et lui s'étaient télescopés. C'était tellement un bon à rien que les mineurs l'appelaient Tailings, nom qui se reférait aussi bien à sa queue régulièrement entre ses pattes qu'aux graviers, gangues et autres déchets rejetés après l'extraction de l'or. Tailings éprouvait un tel respect pour Pussy que, bien qu'ils prissent leurs repas ensemble, il attendait toujours qu'elle ait fini de manger avant de se risquer à s'emparer d'une bouchée. Il patientait en gémissant de faim, agitant la queue jusqu'à ce que le plancher soit parfaitement balayé. Une fois, une fois seulement, il osa s'affirmer et attrapa un morceau sous le nez de Pussy. Elle s'arrêta net, fixa le coupable dans les yeux, puis, levant lentement une patte, lui assena un bon coup de griffe en plein milieu de la truffe. Tailings poussa un tel hurlement que les mineurs crurent que toute la montagne s'écroulait et se précipitèrent pour voir ce qui se passait.

Pussy termina tranquillement son repas et jamais plus Tailings ne tenta de se nourrir lors du premier service, c'est-à-dire de se rebeller contre les lois imposées par Pussy.

LE CHAT NOIR DE KILLAKEE

Daniel Cohen

UN IMMEUBLE DE KILLAKEE, en Irlande du Sud, transformé en centre culturel, était devenu la proie de toute une série de phénomènes paranormaux, dont le plus effrayant faisait intervenir un monstrueux chat noir.

Ce bâtiment, appelé Dower House, était pratiquement en ruine quand il fut racheté en 1968 par Mme Margaret O'Brien, artiste et poétesse, et son mari, Nicholas. Cela faisait des années que l'endroit était désaffecté et les travaux de restauration étaient si importants que certains des ouvriers à qui l'on avait confié cette tâche habitaient sur place. Ces derniers, sur le chantier, furent d'abord dérangés par des bruits étranges et des portes qui s'ouvraient mystérieusement. Mais ce furent les apparitions successives d'un énorme chat noir qui provoquèrent un vent de panique.

Au début, Mme O'Brien refusa de prendre ces histoires au sérieux.

— J'avais jugé toute cette affaire ridicule, commenta-t-elle. Des gens simples, réunis dans une maison déserte dans un coin perdu, finissent toujours, la nuit venue, par se raconter des histoires à faire dresser les cheveux sur la tête. Jusqu'au jour où j'ai moi-même aperçu la créature. J'ai alors commencé à comprendre pourquoi ils avaient peur.

Elle décrivit le chat noir comme ayant la taille d'un chien. La première fois qu'elle le vit, il se tenait tapi dans l'entrée. Toutes les portes de la maison avaient été fermées à clé avant son apparition... Or elles l'étaient toujours après qu'il se fut volatilisé !

Un peintre du nom de Tom McAssey, préposé à la décoration des lieux, connut une expérience encore plus terrible. Il travaillait dans une des pièces avec deux de ses compagnons lorsque, tout à coup, celle-ci, qui baignait alors dans une certaine tièdeur, devint glaciale. Ils s'étaient enfermés à clé et pourtant la porte se trouvait à présent grande ouverte.

— Une ombre furtive se tenait un peu plus loin dans les ténèbres, expliqua McAssey. Tout d'abord, j'ai cru que quelqu'un voulait nous faire une farce et j'ai dit : « Allez, montrez-vous, on vous a vu ! » Comme réponse, on a alors entendu un grognement guttural et tous les trois, affolés, nous avons pris aussitôt la poudre d'escampette. Nous avons claqué la lourde porte derrière nous et, un peu plus loin, par curiosité, je me suis retourné. Cette porte était à nouveau grande ouverte et un monstrueux chat noir, avec des yeux d'or lançant des éclairs rougeoyants, se tenait blotti juste là, dans la pénombre. J'ai bien cru que mes jambes allaient se dérober sous moi et m'empêcher de m'enfuir... Je n'en menais pas large.

McAssey rapporta qu'il avait également aperçu, se profilant dans le corridor, une silhouette qui s'adressa à lui d'une voix caverneuse : « Tu ne peux pas me voir. Tu ne sais même pas qui je suis. »

En 1968, Mme O'Brien fit procéder à un exorcisme et les choses semblèrent s'apaiser pendant environ un an. Mais à l'automne 1969, une troupe de comédiens qui séjournait au centre culturel décida – ne prenant les choses qu'à moitié au sérieux – de se livrer à une séance de spiritisme, après quoi les phénomènes reprirent de plus belle.

Mme O'Brien fit alors appel à une médium, Sheila St Clair, qui entra en transe et déclara avoir vu l'esprit de deux femmes qui, au XVIIIe siècle, avaient participé à des messes noires organisées par une société démoniaque appelée le Club des feux de l'enfer.

Les O'Brien eurent vent, dans le même temps, de diverses légendes locales concernant un certain Thomas « Black » Whaley, membre dépravé d'une riche famille de la région, et qui avait appartenu à ce type de groupe occulte. La légende précisait, en outre, la façon dont Whaley et quelques-uns de ses amis avaient assassiné, histoire de s'amuser, justement à Dower House, un pauvre bougre difforme. On prétend que le petit squelettre rabougri du malheureux avait été retrouvé dans l'enceinte de la propriété en 1968. Une statuette de métal représentant un diable avait également été ensevelie près de la maison.

Dans le pays, certaines personnes pensaient que tout ce tapage n'était peut-être, en fin de compte, qu'une publicité en faveur du centre culturel, car la presse n'avait manqué aucun de ces rendez-vous palpitants, qui attiraient à présent une foule compacte à toutes les expositions et faisaient grimper en flèche la cote des tableaux.

Pourtant, Mme O'Brien a insisté sur le fait que ce n'était pas le cas et que ces phénomènes paranormaux étaient plus une source d'ennuis qu'une aide pour ses projets.

— Finalement, j'ai décidé de soumettre à nouveau la maison et le parc à un rituel d'exorcisme dans la grande tradition, et, en juillet 1970, un prêtre s'est déplacé depuis Dublin. Desormais, nous ne sommes plus que très peu dérangés, bien que le prêtre nous ait dit qu'il restait encore certaines « émanations » sur le site. De fait, la nuit, on entend toujours quelques bruits bizarres.

JUNO

Harriet Beecher Stowe

*L'*AMÉRICAINE *Harriet Beecher Stowe (1811-1896), auteur de* La Case de l'oncle Tom, *vivait dans une propriété voisine de celle d'un autre écrivain et grand amoureux des chats, Mark Twain.*

Le plus beau chat, et le plus accompli, que j'aie jamais vu s'appelait Juno. Cette femelle avait grandi chez une dame qui savait tellement bien s'occuper des animaux qu'elle faisait autorité pour tout ce qui avait trait à leur nourriture et à leur éducation. Et Juno, élevée par une telle femme, était un modèle de ces vertus que l'on peut attendre d'une chatte de bonne famille.

Jamais on n'aurait trouvé Juno là où elle n'avait pas sa place. Exemples : elle ne faisait jamais sa sieste autre part que sur son coussin à elle ; elle était toujours à l'heure au moment des repas et, même si quelque plat délicat et tentant se trouvait à sa portée, elle ne sautait pas sur la table pour se servir.

Juno était également d'une propreté sans pareille dans toute l'histoire de la gent féline. Le salon de sa maîtresse étant impeccable, méticuleusement ciré et sans le moindre grain de poussière, Juno aurait préféré mourir plutôt que de faire, dans un tel sanctuaire, la moindre saleté. C'était par ailleurs une habile chasseresse de souris, et ses flancs rebondis et brillants étaient une réfutation suffisante à cette idée absurde qu'il faut affamer un chat si l'on veut le voir chasser les rongeurs. Tous les rats, souris et taupes qu'elle attrapait étaient aussitôt rapportés à la maison et déposés aux pieds de sa maîtresse, qui s'empressait de la complimenter. Il n'y avait qu'une ombre au tableau : jamais Juno n'était parvenue à comprendre la différence existant entre poil et plume, ni pourquoi sa protectrice la grondait aussi sévèrement chaque fois qu'elle revenait avec un oiseau.

Un petit chien nommé Pero, avec qui Juno s'était liée d'amitié, avait pris l'habitude d'entrer dans l'appartement à l'heure des repas. Le petit Pero pensait que c'était là une bonne occasion de s'inviter comme troisième convive. Il avait une manière bien à lui de se rendre aimable en s'asseyant sur son arrière-train et en « demandant » gentiment avec ses pattes de devant. Cela amusait tellement la dame qu'elle lui donnait souvent à manger avant Juno, qui ne manqua pas d'observer quelque temps ce manège. Puis une idée lumineuse lui traversa l'esprit : se dressant elle aussi sur son séant, elle se mit à imiter les effets de pattes de Pero. Comme on s'en serait douté, elle obtint un franc succès, qui ne fit que conforter sa position.

On dit souvent que les chats sont sans cœur – qu'ils s'attachent plus à un endroit qu'aux êtres eux-mêmes. La fin de Juno apporte un démenti formel à cette légende ridicule. Sa maîtresse fut un jour obligée de quitter son logement et d'aller habiter dans une ville voisine. Aussi confia-t-elle Juno à la gentille dame qui vivait dans l'autre partie de la maison.

Mais toutes les attentions et les soins de cette personne ne parvinrent pas à faire oublier à Juno l'amie qu'elle venait de perdre. Le beau petit salon propret où elle avait passé tant d'heures agréables fut vidé de ses meubles et fermé à clé. Pourtant Juno y retournait, jour après jour, s'installait sur le rebord de la fenêtre et regardait à l'intérieur en miaulant lamentablement. Elle refusait toute nourriture. Quand elle devint trop faible pour sauter sur le rebord de la fenêtre, elle se coucha sur le sol juste en dessous et c'est là qu'elle mourut d'amour pour sa précédente maîtresse, exactement comme les amants des anciennes ballades.

Cette histoire a, bien sûr, une morale. À n'en pas douter, l'attention et la tendresse que nous apportons aux animaux ne peuvent que développer, chez eux, des aspects de leur nature dont nous osons à peine rêver. L'amour engendre l'amour, les soins réguliers suscitent des habitudes régulières, elles aussi, et c'est ainsi que nos compagnons deviennent agréables et intéressants.

Celui qui ne se sent pas d'inclination ou d'aptitude à assumer la responsabilité d'un animal doit, en toute conscience, s'abstenir d'en posséder. Ne pas oublier qu'un animal dorloté, chien ou chat, est toujours, pour les enfants, un merveilleux « plus » dans la vie familiale ; mais un animal négligé, mal éduqué et mal soigné n'est qu'une source d'ennuis.

LE CERISIER

Derek Tangye

LE BROUILLARD TOMBAIT à nouveau tandis que nous déjeunions et, avant même la fin du repas, il avait envahi toute la véranda sous laquelle nous nous tenions. J'évoquai alors l'existence d'un album de photos dans lequel se trouvaient les clichés pris lors de la précédente visite de mon frère. Jeannie déclara aussitôt qu'elle savait où il était été rangé – dans son atelier – et qu'elle n'en avait que pour une minute à aller le chercher.

Elle en mit plusieurs.

— Qu'est-ce que tu as fabriqué ? demanda mon frère quand elle nous rejoignit. Tu es allée nourrir les oiseaux ?

— Oui, c'est ça, exactement !

Moi, je voyais bien qu'elle était dans un certain état d'excitation, mais j'ignorais pourquoi. Quelle que fût la cause de son émotion, il était évident qu'elle n'allait rien raconter devant mon frère.

Il m'a fallu attendre d'être seul avec elle.

— Quand je vous ai quittés tous les deux, me dit-elle alors, j'ai descendu l'allée, un peu triste de voir le brouillard s'épaissir comme ça. Puis j'ai aperçu quelque chose et je n'en ai pas cru mes yeux.

— Qu'est-ce que c'était ?

— J'ai vu un chat noir, on aurait dit le double de Lama et d'Oliver... dans l'herbe au pied du cerisier.

J'eus alors la réaction qu'on attendait de moi.

— J'espère que tu l'as chassé, dis-je.

— Il s'est enfui tout seul.

— Bien.

Mais j'avais l'impression qu'une certaine gêne demeurait entre Jeannie et moi. Et puis il y eut comme des signes avant-coureurs annonçant un danger. Par exemple, le lendemain matin, mon frère, Colin, devant nous quitter et prendre le train à la gare de Penzance pour rejoindre sa maison de Guildford, sur la côte de Cornouailles, premier signal : Jeannie n'avait pas attendu que je lui monte son thé, elle s'était levée et habillée en moins de cinq minutes. Depuis la fenêtre de la chambre, je l'avais vue s'éloigner dans l'allée, une soucoupe à la main.

— Ce n'est pas chic de sa part, murmurai-je à mon chat, Ambrose, pelotonné sur le lit à côté de moi.

Je pouvais, bien évidemment, comprendre son intérêt pour le chat sous le cerisier. Quand on vit loin de toute habitation, si on a déjà vu débarquer sur le pas de sa porte deux chats noirs, il est naturel d'être intrigué le jour où il en arrive un troisième, l'étonnant de l'affaire étant que tous ces animaux soient uniformément noirs. Même à l'époque où j'étais un fervent opposant aux chats, j'ai toujours traité les noirs avec amitié, comme s'ils devaient m'inspirer quelque crainte. Une vieille superstition ancrée au tréfonds de moi, je suppose. Que l'un d'eux croise mon chemin, et me voilà tout requinqué. En revanche, toujours à cette époque-là, je tenais pour de la vermine tous ceux ayant un pelage d'une autre couleur.

En dehors de Lama et d'Oliver, deux chats noirs avaient autrefois cherché le gîte et le couvert chez nous, à Minack, mais leurs efforts avaient été vains parce que des contre-temps avaient fait que les choses ne s'étaient pas déroulées comme il aurait fallu.

Le premier s'appelait Félix. Il avait été abandonné lorsque la ferme qu'il habitait avait été vendue et vidée de ses meubles. Un voisin s'était bien proposé pour prendre soin de lui, mais, cet arrangement n'étant guère du goût de Félix, il s'était enquis d'un nouveau foyer et Minack avait paru mieux lui convenir.

Sa méthode pour se faire adopter se fondait sur la persévérance et sur des manifestations outrancières qui vous fendaient le cœur. J'ai d'abord vu sa frimousse derrière la fenêtre, fixant avec envie l'intérieur du salon et, dès que j'ai ouvert la porte, il a filé d'un trait dans la maison pour se retrouver nez à nez avec Lama. Il aurait eu raison de lui, tel un boxeur poids lourd s'abattant sur un frêle poids plume, si je ne l'avais attrapé au vol pour le remettre dehors.

Dès que nous avons été au courant de l'endroit d'où il venait, et des circonstances qui lui avaient donné un nouveau maître, nous avons décidé de le remmener en voiture. Dix minutes de route, cinq autres à pied dans la campagne et, à midi, nous le déposions chez lui. À une heure de l'après-midi, il était déjà de retour sur le rebord de notre fenêtre, le nez écrasé contre la vitre.

La situation se répéta plusieurs fois jusqu'à ce que nous décidions d'en finir. Nous avions trouvé l'adresse du nouveau propriétaire de la ferme. Nous l'avons contacté pour lui expliquer qu'il avait fait l'acquisition d'un chat noir en même temps que celle de la ferme. « Amenez-le-moi », répondit-il aussitôt – et ce fut la dernière fois que nous vîmes Félix.

Le second chat noir commença à tourner autour de Minack peu de temps après la mort d'Oliver, pendant qu'Ambrose s'acclimatait tout doucement à cet endroit. C'était un petit chat errant et, contrairement à Félix, timide. Pour je ne sais quelle raison, Jeannie le nomma Fergus.

Je m'étais vite habitué à le croiser avec plaisir quand il remontait l'allée en trottinant, longeait de pré voisin ou courait après une souris dans le bois. Mais il ne s'imposait pas comme Félix. Il paraissait heureux de rester simplement dans nos parages sans chercher à obtenir quoi que ce soit. Peut-être nous observait-il, attendant pour voir si une cohabitation avec nous, et Ambrose, était possible.

Puis arriva le jour où je le retrouvai pelotonné dans un coin de la serre située devant la maison, et j'en fus tellement excité que j'accumulai les maladresses. J'ai d'abord fermé la porte de la serre et j'ai couru avertir Jeannie. Quand nous sommes revenus, Fergus était tellement terrorisé qu'il a failli se jeter contre les carreaux. Après cet incident, on ne l'a plus jamais revu à Minack.

L'histoire, cependant, se termine bien. Margaret et George, les potiers qui habitent tout au bout de la rue, venaient de perdre leur vieille chatte. Son panier vide était toujours à la même place dans la cuisine lorsqu'un matin, quelques jours après l'incident de la serre, Fergus pénétra chez eux par l'entrée principale et se dirigea droit vers le panier, où il s'installa. Voilà un chat intelligent.

Nous venions de dire au revoir à mon frère, à la gare de Penzance, et roulions vers la maison quand, arrivés à la hauteur de la grille menant au territoire d'Oliver, Jeannie me demanda de m'arrêter.

— La soucoupe, je suppose, dis-je d'un air renfrogné.

— Oui, répondit-elle en sortant de voiture pour aller récupérer l'objet.

La nourriture n'avait pas été touchée.

— Là, tu vois, commentai-je, tu perds ton temps.

Partout dans le monde, les chats errants doivent pouvoir trouver de l'aide et je ne blâmais pas Jeannie d'agir dans ce sens. Il existe des milliers de ces solitaires en ce moment même, qui hantent les abords des foyers potentiels, observant leurs occupants, étudiant leurs habitudes, essayant de savoir si ces gens seraient disposés à satisfaire leurs besoins. Les chats sont foncièrement indépendants et vous entendrez souvent, comme moi, des gens se plaindre du manque d'affection de l'un d'eux en affirmant que ce dernier, contrairement au chien, est égoïste, et bien fou celui qui s'y attache.

Ce n'est pas complètement faux, mais je pense que l'erreur serait de comparer les deux espèces. Depuis mon enfance, je suis amoureux des chiens et le resterai toute ma vie, mais dans certaines circonstances le chat est un bien meilleur compagnon.

Dans mon cas, les « circonstances » concernent le changement qui s'est opéré en moi et mon attitude envers la vie sauvage depuis que je suis venu habiter à Minack. Au cours des premières années, je me suis comporté comme toujours, c'est-à-dire comme depuis le jour où mon père m'avait offert mon premier fusil. À cette époque, rien ne me donnait autant de bonheur que de partir de bon matin faire de longues promenades avec un chien à mes talons, un vieux chien de berger anglais, le fusil prêt à faire feu sur tout ce qui bouge, oiseau ou lapin. La « chasse devant soi », comme on dit, avait alors pour moi certaines attraits poétiques. Voilà, j'étais un chasseur. Tuer ne me culpabilisait en aucune manière.

Puis tout doucement, tel un lierre qui grimpe silencieusement le long d'un mur, j'ai pris conscience, en restant à Minack, de l'aspect merveilleux de la vie à la campagne, de la lutte perpétuelle des êtres animés pour survivre. Et lorsque, par un dur hiver, j'ai entendu de l'autre côté de la vallée les coups de fusil frénétiques des chasseurs, les aboiements des chiens lancés à la poursuite des canards, des bécassines et des pluviers, morts ou agonisants, j'ai su que jamais plus je ne souscrirais à ce qui fut mon choix d'existence durant ma jeunesse.

Comme cela se produit souvent lors de ce type de changement d'attitude, on devient vite extrémiste. Mais tel n'a pas été mon cas. Je n'ai jamais milité, par exemple, au sein de mouvements politiques soutenant les droits des animaux ; ou accepté l'idée que la chasse au renard était pire que son piégeage. Je ne veux pas tuer, un point c'est tout. Je ne veux pas non plus troubler la vie sauvage dans son habitat naturel. Je veux que les faisans vaquent sans crainte à leurs affaires au sein de leur territoire, que les oiseaux nidifient en toute quiétude et que les blaireaux cessent d'être persécutés par le ministère de l'Agriculture. Cela signifie aussi qu'un chien n'a pas sa place à Minack. Je n'oserais jamais le laisser courir, chasser et aboyer en toute liberté, comme cela aurait été le cas auparavant.

Un chat est, par conséquent, un compagnon bien mieux adapté. Son sens de l'indépendance invite tout le monde à en faire autant. Un chat sait s'amuser tout seul et s'il a envie de se promener, il part. Bien sûr, un chien nous manifeste son affection de façon plus démonstrative, mais n'oublions pas qu'il remue la queue aussi bien devant tous les passants qui lui marquent quelque attention. Jamais un chat ne ferait cela. La plupart du temps, il reste à distance. Et cette réserve a même souvent le don d'horripiler ceux qui l'aiment. Ceux-là même qui s'évertuent, en « parlant bébé », à amadouer et à attirer un chat, sont parfois furieux de constater que leurs efforts restent vains et que l'animal persiste à les ignorer.

Nous avons eu la chance qu'aucun des nôtres n'ait choisi la chasse aux oiseaux pour passe-temps favori. Pourtant, j'admets bien volontiers que je ne suis pas du genre à les condamner pour cela. J'estime qu'ils sont un fabuleux exemple du génie de la nature qui régule ainsi l'équilibre des populations animales. Après tout, celle-ci sait ce qu'elle fait, elle est parfaite et les chats en font partie.

Néanmoins, je remercie le ciel que nos pensionnaires n'aient jamais eu cette marotte d'attraper les oiseaux. Et c'est justement ce soulagement qui m'a toujours fait hésiter à en accueillir un nouveau à Minack. J'aurais difficilement supporté un chasseur d'oiseaux après l'ère de paix que nous avons vécue, à cet égard, en compagnie de Monty, de Lama, d'Oliver et d'Ambrose.

Pas l'ombre d'un chat quelconque sous le cerisier ce jour-là ni le jour suivant.

— Il est reparti là d'où il est venu, dis-je à Jeannie ce n'est pas plus mal.

Je n'avais pas envie de voir l'existence d'Ambrose perturbée.

Pourtant, le mercredi suivant, je me rendis dans la cabane, où autrefois nous nous étions amusés à forcer, à la chaleur de la lampe à pétrole, les boutons de jonquilles à s'ouvrir, et c'est alors que je fis une découverte troublante. L'endroit, entre autres fonctions, était devenu une cuisine pour les chats. C'était là, en effet, que Jeannie, sur une vieille cuisinière à gaz, faisait bouillir avec le plus grand soin le colin pour Ambrose. Il arrivait congelé par blocs de dix livres, que Jeannie mettait, la veille, à décongeler.

Le mardi soir, elle en avait sorti un, comme à son habitude et lorsque j'entrai, le mercredi, dans la cabane, je le trouvai en partie rongé. La porte était fermée mais, comme il y avait un petit espace sous le plancher, je songeai que quelque chose s'était introduit à l'intérieur ; mais quoi ?

J'expliquai à Jeannie que cela pouvait être un rat – jusqu'alors, nous n'en avions cependant jamais repéré près de chez nous. La seule mention d'une telle possibilité provoqua chez Jeannie une forte réaction en faveur du chat du cerisier.

— Il n'y a qu'un chat mourant de faim pour faire ça, argumenta-t-elle, avec la conviction des personnes qui éprouvent un amour fou pour les chats. Seul un animal affamé peut s'attaquer à du poisson congelé, voyons !

— Je me demande comment il a pu entrer. La porte était fermée.

— Il y a un espace tout en bas. C'est un petit chat, peut-être même un chaton, il est donc facile pour lui de se glisser sous la porte.

J'évite toujours de poursuivre l'argumentation quand Jeannie affiche ce genre de susceptibilité à propos de chats. Le plus prudent, dans ce cas-là, est de garder le silence.

Le jeudi était une magnifique journée ensoleillée et nous nous sommes réveillés d'humeur paresseuse. Je proposai à Jeannie de ne pas gâcher un si beau jour en travaillant. C'est un bonheur à nul autre pareil que de pouvoir choisir son emploi du temps. Il s'agissait, ce jour-là, de choisir entre partir en promenade avec les ânes ou emmener Ambrose faire un tour.

Puis, une fois prise cette grave décision, il ne restait plus qu'à se demander, sans le moindre complexe, ce qui nous ferait plaisir à midi, et où.

Donc, par ce jeudi d'octobre qui ressemblait à un jour d'été, Jeannie décréta que nous irions déjeuner sur le pont avec un quart de brie de chez Paxton et Whitfield. Nous étions merveilleusement bien installés, riant et bavardant, émettant des réflexions que personne d'autre que nous n'aurait pu saisir, lorsque soudain j'aperçus, pour la première fois, le chat du cerisier.

L'atelier de Jeannie, qui se trouve à quelques mètres de l'endroit où nous pique-niquions, est entouré d'un haut mur de pierre, assez élevé pour cacher le bâtiment à tous les regards. Et c'est justement sur son faîte que j'ai distingué tout d'abord une petite tête noire, puis un corps noir et fluet.

— Tiens, le chat est revenu ! m'écriai-je assez fort pour l'inciter à déguerpir.

Ma voix avait vibré avec une telle excitation que Jeannie traduisit immédiatement mon émotion comme l'expression de mon enthousiasme.

— Ah ! Enfin, nous voilà avec un nouveau petit chat noir à Minack ! Tu es content, hein ?

— Ah ça, non ! répliquai-je en essayant de reprendre un ton réprobateur. Il va semer la pagaille chez nous, et puis d'où vient-il ? Il vient bien de quelque part.

Mon irritation, je dois l'admettre, n'était que superficielle. J'étais intrigué, mais je ne voulais pas pour autant donner trop de marques d'encouragement à Jeannie.

— Je me demande où il était passé depuis dimanche dernier, continua-t-elle.

— Il se peut qu'il appartienne à Walter, ou bien à Tregurnow, ou peut-être n'est-ce qu'un chat errant.

Walter Grose en avait une tribu dans sa ferme, là-bas, tout au bout de la rue. Tregurnow habitait un peu plus loin et vivait, lui aussi, avec une armée de chats.

— Walter, objecta Jeannie, n'a jamais eu de chat noir.

— En tout cas, répondis-je avec un certain soulagement, celui-là n'a pas l'air de vouloir s'approcher. Pour le moment, ce n'est qu'une ombre furtive. Pourvu qu'on en reste là.

Jeannie ne pipa mot. Puis elle articula :

— J'ai dans l'idée que Cherry ne restera pas longtemps une ombre.

— Parce que tu lui as déjà trouvé un nom ?

— Cherry est un prénom parfait pour elle, puisque je l'ai rencontrée sous un cerisier.

— C'est une femelle, en plus ?

— J'en suis sûre. Ces petits gabarits sont souvent des femelles.

Nous n'eûmes plus aucun signe de vie du chaton le reste de la journée ni au cours de la matinée suivante, et Jeannie continuait à se demander où il pouvait bien se cacher. Dans l'après-midi, pourtant, elle eut une agréable surprise. Elle avait décidé d'apporter à Ambrose une gamelle de lait dans lequel elle avait battu un œuf cru, son plat préféré. Et, comme tous les jours, quand il n'était pas en train de chasser, il faisait la sieste dans le foin destiné aux ânes et entreposé dans la serre. Jeannie entreprit de lui apporter son lait à domicile. Mais, au lieu de sommeiller, pattes en rond, il se tenait à une extrémité de la serre, le regard fixé sur quelque chose. Jeannie le rejoignit et trouva, à son grand étonnement, le chat du cerisier roulé en boule dans un creux, profondément endormi, à seulement quelques pas de là.

— Ambrose était totalement serein, me raconta-t-elle plus tard, mais quand la petite s'est réveillée et m'a vue, elle a détalé. Eh bien, Ambrose ne l'a pas poursuivie. C'est bon signe, tu ne trouves pas ?

Jeannie savait fort bien que ma principale objection contre l'arrivée d'un nouveau chat était la réaction d'Ambrose. Ma façon à moi d'être loyal envers lui.

— Et où est-elle allée ?

— Je n'en ai pas la moindre idée. Elle a disparu.

— Je refuse de croire qu'Ambrose pourrait apprécier l'arrivée d'un autre chat.

— Mais puisque je t'ai dit qu'il ne l'a pas chassée.

J'avais deviné que Jeannie s'était décidée à entrer secrètement en campagne d'apprivoisement : des écuelles contenant des assortiments de douceurs étaient disposées à divers endroits stratégiques autour de Minack. Ce jeu devait l'amuser. Et ce n'était pas la première fois. Si je m'en souviens bien, quand Oliver errait près de chez nous, elle avait laissé une assiette remplie de tranches de poulet roti à mi-parcours sur le chemin. Un peu plus tard dans la journée, jetant un coup d'œil de loin sur l'assiette, j'avais aperçu un renard qui paraissait bien étonné de trouver la table ainsi servie. J'avais passé le samedi matin suivant avec la débroussailleuse. C'est un outil que l'on peut porter en bandoulière, qui fait moins de deux mètres de long et qui est pourvu d'une lame circulaire à son extrémité. À cette période de l'année, c'est-à-dire au début de l'automne, elle devient pour moi une compagne privilégiée, car je m'en sers pour nettoyer nos prés, afin qu'en février les jonquilles puissent refleurir. Malheureusement, elle ne fonctionne plus très bien. J'ai dû acheter un ancien modèle, qui est fatigué. Il est évident qu'il faudra, un de ces jours, en acheter une neuve.

Après le déjeuner, quand Jeannie m'a annoncé qu'elle voulait aller faire une promenade avec Fred et Merlin dans le secteur d'Oliver, je lui ai répondu que je préférais, comme Churchill après le repas de midi, m'accorder une petite sieste.

Je me suis allongé sur le lit et ai ruminé mes pensées. Dans ces cas-là, mille idées vous passent par la tête à la vitesse de l'éclair. Un souvenir enfoui depuis des lustres peut resurgir tout à coup à la faveur d'un conflit avec telle ou telle personne. C'est ainsi que j'ai eu, sans raison, un flash qui m'a rappelé le temps où j'avais vécu, un mois durant, au 956, Sacramento Street, à San Francisco. Puis s'est imposé, pendant un court instant, le souvenir de ce jour où, préparant le sol pour semer des pommes de terre précoces, je m'étais percé le pied avec l'une des lames du motoculteur. Je me trouvais sur le même lit que lors de cette première nuit à Minack, la pluie gouttait à travers le toit... Soudain, j'ai entendu un léger bruit sur le tapis au pied du lit. Je me suis penché et suis tombé nez à nez avec le chat du cerisier.

Sa vue m'a fait un drôle d'effet. On aurait dit que ce n'était pas seulement un animal errant en quête de nourriture, mais qu'il cherchait véritablement un foyer. Et dès cet instant, aussitôt que j'ai revu Jeannie, j'ai eu une tout autre attitude. Je lui ai expliqué, par exemple, que nous avions un devoir moral à remplir. Quelqu'un, ai-je ajouté, devait avoir perdu ce chaton et était probablement en train de le chercher partout. Au lieu de nous faire plaisir en imaginant déjà cette petite bête comme un nouveau pensionnaire de Minack, nous devions effectuer les démarches qui nous permettraient de savoir à qui elle appartenait.

Après cette visite-inspection de la chambre, nous n'avons plus revu Cherry pendant deux jours et avons même pensé qu'elle avait quitté le voisinage. Peut-être n'avions-nous représenté pour elle qu'une pause dans son errance. Mais le lundi suivant, Jeannie, qui laissait toujours des gamelles dans tous les coins, la repéra soudain mangeant dans une assiette face au baquet d'eau posté à l'angle de la maison. Jeannie l'avait déposée dans un creux de la rocaille et là, pour sa plus grande joie, vers les huit heures du matin, elle a vu le chat du cerisier en nettoyer le contenu.

Elle s'est alors éloignée pour le laisser tranquille et venir me raconter cette rencontre. Nous y sommes ensuite retournés tous les deux pour jeter un coup d'œil.

Plus de chat. Et plus d'assiette non plus.

— Regarde, dit Jeannie, qui s'était baissée, elle l'a recouverte ! Elle l'a recouverte d'herbes sèches, comme un animal sauvage cache une proie.

— Peut-être est-ce là l'explication. Peut-être est-ce justement un chat sauvage, comme Lama la première fois qu'il est venu.

Nous n'avons plus revu Cherry jusqu'au soir, où Jeannie l'a aperçue sur le sentier. Elle a aussitôt rempli une autre gamelle, qu'elle a placée au même endroit que le matin. L'incident s'est répété. Cherry est vite venue manger, a laissé quelques miettes et a recouvert le tout avec des herbes sèches. Elle était très nerveuse et s'est sauvée dès qu'elle nous a vus. C'était dommage car nous ne lui voulions aucun mal. C'était bien plutôt d'Ambrose qu'elle aurait pu craindre quelque chose.

La deuxième confrontation publique avec lui eut lieu deux jours plus tard en matinée et fut horrible.

Ambrose sortait tranquillement de la maison après avoir pris son petit déjeuner de colin et se dirigeait à pas tranquilles vers le baquet d'eau à l'angle de la maison... lorsqu'il vit Cherry. L'échine aussitôt en arc de cercle, il s'est mis à grogner, à cracher puis, la belle prenant la fuite, à la poursuivre. Elle a dévalé le chemin jusqu'à la corde à linge – cette corde d'où l'on peut admirer le paysage jusqu'à Mount's Bay et sur laquelle souffle une petite brise marine qui sèche si bien les draps. Mais quelques secondes plus tard, on a entendu des cris tels que nous avons cru qu'Ambrose était en train de tuer la chatte. Je me suis précipité et, en arrivant sur les lieux, j'ai trouvé Cherry juchée au haut d'une haie de troènes, fixant mon Ambrose resté en bas mais dans tous ses états.

Cet incident me décida à me débarrasser d'elle pour de bon.

— Impossible qu'elle reste ici une journée de plus, ai-je annoncé avec fermeté à Jeannie. Je ne tolérerai pas qu'Ambrose vive un enfer.

— Moi non plus.

— Bien, alors nous sommes d'accord. Mais, de grâce, ne lui donne plus à manger !

— Si, répondit Jeannie sur un ton de défi.

— C'est absurde de se quereller pour un chat inconnu.

Nos divergences de vue ne durèrent pas très longtemps. Un compromis fut trouvé. Le chat du cerisier continuerait à être nourri.

Quant aux recherches pour savoir à qui il appartenait, elles débutèrent sur-le-champ.

LES CHATS QUI NAGEAIENT ET ROULAIENT À BICYCLETTE

N. Teulon Porter

J'AI EU DEUX CHATS qui ont mené des « vies de chien » et qui furent tous deux des nageurs émérites... et volontaires. Quand ils allaient faire de longues promenades dans la campagne, c'était toujours en suivant une ligne droite, ce qui est plus une habitude de chien que de chat. Les chiens et les loups chassent aussi bien en terrain découvert que dans les sous-bois, en solitaires comme en meute, en empruntant des pistes rectilignes et en se passant de la possibilité de trouver un refuge ou une cachette, alors que les chats progressent furtivement, musardent et ne se sentent jamais aussi bien à l'abri que sous quelque chose, ne serait-ce qu'une chaise ou une table. Ils sont inaptes aux efforts physiques prolongés, même s'ils peuvent parfois développer, pour un temps très court, une énergie phénoménale. Mettez un chat au milieu d'une immense prairie et vous l'entendrez aussitôt piailler de peur. Mais s'il parvient à repérer une simple clôture en fil de fer et à se glisser dessous, cela lui suffit pour se sentir beaucoup plus rassuré : il s'y blottit pour analyser la situation. C'est pourquoi le Tom de mon enfance, puis William vingt ans après, ont plutôt vécu, d'après moi, à l'encontre de leur vraie nature féline en effectuant ces longues promenades en ma compagnie qu'en se livrant aux joies de la baignade. Ils n'étaient jamais aussi heureux que lorsqu'ils cheminaient à mon côté, bien qu'il leur arrivât souvent de piquer un galop pour couvrir les quelques mètres qui les séparaient d'un buisson engageant ou d'une proéminence du terrain qu'ils avaient remarquée de loin. Une taupinière était d'ailleurs le genre de monticule qui invitait à faire étape un moment à son sommet ; une simple touffe de bruyère pouvait également les inciter à courir s'y tapir, leur redonnant tout à coup un comportement normal de félins à l'affût, ce qui devait parfois leur manquer et qu'ils retrouvaient instinctivement en de telles occasions.

Je les ai eus petits tous les deux. C'étaient des poils courts. Tom, le premier, a appris à nager en sautant par-dessus les eaux tranquilles des ruisseaux de montagne que je traversais, parce qu'il ne voulait pas manquer une seule de nos promenades ensemble. Ratant généralement son coup, il tombait et devait nager pour se sortir de l'eau. La troisième fois, estimant que le cours d'eau était vraiment trop large pour lui, il émit un ou deux miaulements puis, tout excité et rassemblant son courage, se lança résolument dans une traversée à la nage pour rejoindre héroïquement l'autre berge. Quand l'hésitation cessa de le tenailler, il opta toujours pour la baignade courageuse plutôt que le saut, excepté les jours où il faisait vraiment trop froid : il longeait alors la rive sur deux ou trois cents mètres pour trouver un gué qui ne l'obligerait pas à entrer dans l'eau. Après quoi il me rejoignait en courant et miaulant de toutes ses forces. En arrivant à ma hauteur, après cette course folle et épuisante, il s'offrait parfois le luxe d'un dernier bond, mais cette fois sur mon dos, qu'il escaladait pour venir s'installer en travers de mes épaules et me donner avec sa patte une bonne tape sur l'oreille, comme pour me punir de ne pas l'avoir attendu. Au bout d'un moment, il descendait de son perchoir.

Il avait l'habitude de dormir dans un petit panier d'osier fixé au mur de l'écurie et je crois qu'il n'a jamais vu l'intérieur de la maison. Souvent, quand j'allais m'asseoir au bord de l'eau, il se baignait et pataugeait à côté de moi, ou effectuait des traversées de plus de vingt mètres pour rejoindre l'autre bord et aller se livrer à diverses friponneries.

Aucun de ces chats n'a cependant jamais appris à pêcher ni à attraper des poissons avec ses griffes.

William était né à Cambridge et depuis toujours se cramponnait à mes épaules quand je circulais à bicyclette. Il s'y tenait sage comme une image, ainsi que durant mes cours, car je lui avais appris à ne répondre à aucune avance de la part des étudiants qui partageaient avec moi les bancs de l'université. Il m'accompagnait quand je faisais mes courses à vélo. Il ne quittait guère mes épaules que quand nous étions chez nous devant le feu. Il venait aussi avec moi sur la rivière les jours où je faisais du canoë ou de la barque. Généralement, il se tenait à l'avant – telle une petite figure de proue tout excitée – et, lorsque nous croisions des embarcations dans lesquelles se trouvaient des chiens, ne bougeait pas d'un poil, tranquille, sûr de son bon droit et l'air menaçant. Comme il n'avait jamais eu l'occasion de se retrouver dans l'eau, comme cela avait été le cas pour Tom, j'ai essayé tout doucement de l'initier. Je l'ai d'abord pris entre mes mains, ses quatre pattes pendant dans le vide, et l'ai lentement descendu dans l'eau jusqu'au moment où il a flotté de lui-même. Seul le sommet de son dos dépassait à la surface. Comme des bulles d'air restaient prisonnières de son poil sous son ventre, il a pu faire quelques brasses. Puis il est remonté sur la rive à quelques pas de moi, l'air un peu surpris mais pas le moins du monde effrayé. La fois suivante, il n'a même pas protesté et, peu de temps après, il retournait à l'eau de son propre chef et par plaisir.

Ce chat a parcouru des centaines de kilomètres sur ma bicyclette à travers toutes les contrées les plus sauvages d'Angleterre, cramponné à mes épaules et dormant sous la tente avec moi chaque nuit. Par grosse chaleur, il avait plus de difficultés, gardait la gueule ouverte, sa petite langue rose flottant au vent. Je l'entendais souffler comme un moteur miniature contre mon oreille gauche. Puis, dès qu'il apercevait de l'eau dans les parages, il me faisait comprendre qu'il voulait descendre et je m'arrêtais un moment pour qu'il aille prendre un bain.

Quand j'effectuais une halte dans un pub en cours de route, il se précipitait droit à l'intérieur en dansant sur ses longues pattes, d'une manière que je n'ai observée chez aucun de ses congénères. En fait, il allait vite vérifier en éclaireur s'il n'y avait pas de chien ou de chat, auquel cas il l'attaquait aussitôt avec une telle véhémence que celui-ci n'avait pas le temps de comprendre ce qu'il lui arrivait. Cette méthode semblait tellement démoraliser l'adversaire que je n'ai jamais assisté à une bagarre quelconque, car il se contentait de déguerpir sans demander son reste. Ensuite, William s'installait à côté de moi tandis que je sirotais ma bière, puis nous reprenions solennellement notre bicyclette pour poursuivre notre chemin.

C'est ce même chat qui, un jour, sur les plateaux du Lincolnshire, m'a apporté, pour parfaire mon éducation et susciter ma fierté, une musaraigne à gorge blanche. Il me l'avait lancée sur la figure alors que je dormais sous ma tente. Mais elle n'était malheureusement pas morte et c'est dans les jambes de mon pyjama que j'ai dû la rechercher. William passait la nuit à chasser et m'apportait systématiquement ses trophées les plus hétéroclites.

Une fois, au cours de la première semaine de la guerre, sa seule présence m'avait valu d'être agressé par une troupe de fous qui se disaient chasseurs d'espions allemands. Ils venaient de piller la boutique d'un boucher d'origine germanique et s'en prenaient à moi parce que, d'après ce que j'avais entendu dire par l'un d'eux : « Un homme qui se promène avec un chat sur l'épaule ne peut être qu'un étranger. » Et, bien sûr, en ces temps troublés, et pour des énergumènes de cette espèce, cela signifiait un ennemi. Nous fûmes conduits hors la ville par la police au milieu d'une foule hurlante et menaçante jusqu'à ce que nous retrouvions une contrée plus paisible. Là, William et moi, nous nous sommes lavés et toilettés… ensemble.

LA VALEUR LÉGALE D'UN CHAT

HOEL DHA (Howell le Bon), roi du Pays de Galles au Xᵉ siècle, attribuait une telle valeur aux chats qu'il édicta les lois suivantes.

Code Vendotian, XI

La valeur d'un chat et de ses *teithi* (qualités) est :

1. La valeur d'un chaton depuis la nuit où il est né jusqu'à ce qu'il ouvre les yeux est de un penny.
2. Et de ce moment jusqu'à ce qu'il commence à tuer des souris, deux pence.
3. Et après qu'il s'est mis à tuer des souris, quatre pence ; il restera ensuite à ce prix légal.
4. Ses qualités consistent à voir, entendre, tuer des souris et posséder des griffes.

Code Dimentian, XXXII

1. La valeur d'un chat tué ou volé. Tenu la tête en bas au-dessus d'un sol plat et propre, la queue en l'air,

on doit lui jeter dessus de la farine jusqu'à ce que seul dépasse le bout de la queue, et là on a la valeur du chat. Si on n'a pas de farine et si le chat gardait les granges, alors sa valeur équivaudra à une brebis avec sa laine et son agneau à la mamelle.

2. La valeur légale d'un chat ordinaire est de quatre pence.

3. Les qualités d'un chat, et de tout autre animal qui ne nourrit pas l'homme de son lait, représente le tiers de sa valeur ou l'équivalent de sa portée.

4. Toute personne qui vend un chat doit garantir à l'acheteur qu'il ne dévorera pas ses chatons, qu'il est bien pourvu d'oreilles, de dents, d'yeux et de griffes, et que c'est un bon chasseur de souris.

Code Gwentian

3. Il doit posséder une ouïe parfaite, une vue parfaite, des dents parfaites, une queue parfaite, des griffes parfaites, et ne pas avoir de marques de feu. Et si le chat révèle, par la suite, manquer d'une quelconque de ces particularités, il faudra rembourser le tiers de son prix. Quant au feu, au cas où il aurait eu le poil roussi, les rats pourraient le détecter à l'odeur et cela diminuerait d'autant ses qualités de chasseur de rongeurs.

Il faut ajouter ceci :

4. Les qualités d'un chat et sa valeur légale sont équivalentes.

5. Une livre, c'est le prix d'un chat du roi.

6. Le chat d'un brasseur vaut jusqu'à six pence.

7. Le chat d'un sujet ordinaire ne vaut pas plus d'un penny.

MOPPET

Dominique Enright

MOPPET EST ARRIVÉ chez nous, avec déjà ce nom, peu de temps après notre installation à Bangkok. Ses maîtres, qui allaient quitter le pays, nous amenèrent le jeune siamois seal point dans une Alpine Sunbeam, marque de voiture qui, pour moi, dans les rares occasions où j'ai pu en voir par la suite, sonne encore à mes oreilles comme synonyme de « chat siamois ». Le chat se livra à de nombreux allées et venues depuis son panier, effectua un rapide tour d'inspection, trouva tout à sa convenance et s'installa.

Nous étions émerveillés par sa beauté – une soie crème et café, avec des yeux d'un bleu profond. Sa nature très sociable était évidente – il savait conquérir le cœur de tous les visiteurs et fut même le seul membre de la famille que le naturaliste Armand Denis trouva digne d'attention. Et que dire de son intelligence ? Après un essai infructueux (et trempé) pour boire dans un vase rempli de fleurs, il avait vite compris qu'il fallait le maintenir par-devant à l'aide d'une patte pendant que l'autre, par-derrière, le penchait légèrement.

Mais nous n'étions pas au bout de nos surprises. Un jour, à peine quelques mois après notre arrivée, Moppet pénétra dans le salon en poussant des miaulements fiers et caverneux. Il tenait fermement un serpent dans sa gueule par le dessus de la tête. Pour couronner le tout, nous étions persuadés qu'il s'agissait d'un spécimen venimeux. Mes parents ont aussitôt attrapé Moppet et lui ont fait lâcher prise. Ce qui était une erreur, parce que le reptile en a profité pour filer derrière l'un des gros meubles en teck à multiples tiroirs qui étaient déjà là quand nous avons emménagé. Ensuite, ce fut le chaos. Le chat et moi avons été bouclés dehors pendant que mes parents et les serviteurs faisaient un vacarme du diable, hurlaient et déplaçaient le mobilier pour tenter de déloger le serpent affolé et à présent très en colère. De l'autre côté de la porte, Moppet restait très perplexe devant les étranges bouffonneries des humains.

Quant à la bestiole, elle s'est évanouie dans la nature. Malgré toutes nos recherches, après force remue-ménage et tapage, nous n'avons jamais pu lui remettre la main dessus et en avons conclu qu'elle avait trouvé toute seule la sortie de secours. Mais cela nous a servi de leçon et la fois d'après, quand Moppet nous a à nouveau apporté un serpent, nous le lui avons laissé. Il n'en attrapait pas souvent mais, quand il en avait pris un, il ne jouait pas avec lui, et ne le maintenait jamais autrement qu'en lui coinçant la nuque dans sa gueule afin d'éviter d'être mordu. Après nous avoir montré cette dernière prouesse, il achevait sa proie d'un bon coup de dents puis nous laissait disposer de sa dépouille, qui n'était jamais abîmée.

Bien sûr, Moppet était d'une propreté merveilleuse, et pour tout dire d'une méticulosité remarquable. C'est pourquoi nous fûmes un peu surpris, un jour, de découvrir une petite mare sur le carrelage de la salle de bains, puis, quelques jours plus tard, encore plus désappointés de tomber sur un petit « accident » au même endroit. Supposant qu'il en était l'auteur, nous lui avons posé la question. Il a semblé assez penaud, a agité nerveusement ses moustaches et entrepris de façon extrêmement urgente de faire sa toilette. En vérité, cela n'avait rien de grave... sauf que quelqu'un oubliait de tirer la chasse d'eau. Puis un jour j'ai réussi à prendre Moppet sur le fait : il était délicatement perché sur la lunette des cabinets ! Il avait donc très bien compris ce que l'on pouvait y faire. La litière fut aussitôt remisée dans les réserves et nous avons renoncé à l'idée que tout ce qui sortait de l'ordinaire était hors de portée de Moppet. Jusqu'à ce que, un matin de bonne heure, une amie qui avait passé la nuit chez nous fît sursauter mes parents par ses hurlements. Se rendant à moitié endormie aux toilettes, elle s'était réveillée brutalement en tombant sur le chat, qui la fixait tranquillement tandis qu'il siégeait sur la lunette des cabinets.

Néanmoins, Moppet n'a jamais pu apprendre à tirer la chasse d'eau.

CHATS DE THÉÂTRE

Andrew Parsons
(*Times*, 30 décembre 2000)

AU COURS DE LA SAISON THÉÂTRALE, toutes les scènes du pays donnant dans la pantomine regorgent d'hommes et de femmes en hautes cuissardes noires et affublés de fausses moustaches. Mais, tandis que les chats bottés humains mènent la belle vie (et se permettent de grasses plaisanteries), les vrais chats de théâtre deviennent une espèce rare et précieuse, une des dernières expressions de la vie secrète et traditionnelle des coulisses.

Misty, un gris tacheté, passe la moitié de son temps à dormir sur une panière remplie de rideaux sous la scène du Strand Theatre de Londres. Les poulies actionnant les décors grincent et crissent tout autour de lui et, au-dessus de sa tête, le plateau résonne d'un tonnerre de pas et de voix. La nouvelle distribution qui doit assurer la reprise de la comédie musicale *Buddy* est en train de répéter. Mais Misty demeure imperturbable. La seule chose qui l'ennuie, ce sont les deux motocyclettes qui interviennent dans le spectacle avec force vrombissements. Chaque fois que ces machines pétaradantes entrent en scène, il s'évapore.

Il fut un temps où tout théâtre qui se respectait possédait un Misty qui errait nonchalamment dans les coulisses pour atténuer le trac des comédiens attendant de faire leur entrée. Les chats faisaient partie intégrante de la vie de bohème des artistes, suscitant un nombre incroyable de situations indescriptibles lorsque, par inadvertance, ils pénétraient sur le plateau au beau milieu d'un acte, devant toute l'assistance.

Misty réapparaissait dès que les motocyclettes avaient fini leur numéro. Mais, dans la plupart des théâtres, les chats « au travail » avaient disparu, victimes des restrictions de budget, des rigueurs administratives, et des règles de sécurité et d'hygiène tous azimuts. Hélas, avec eux s'est également éteinte cette précieuse étincelle d'imprévisibilité qui est une des caractéristiques de la vie théâtrale. La direction en a décidé ainsi et, si les moyens modernes de dératisation ne sont plus aussi pittoresques, au moins ne les retrouve-t-on pas en train de faire la sieste dans les décors, leurs besoins un peu n'importe où et des apparitions intempestives sur la scène.

Le théâtre Apollo de Manchester possède encore son Chess, un énorme chat noir et blanc qui dort dans la boîte à courrier sur le bureau des réservations, alors que celui d'Oxford a mis BC-Big Cat à la retraite, il y a de cela quatre ans, quand ses incursions inopinées pendant le déroulement des pièces et ses pelotes de poils dans les vestiaires ont commencé à devenir trop fréquentes. Le fait d'avoir confié BC à une vieille dame habitant au bout de la rue provoqua de tels conflits au sein de l'équipe que le régisseur et le chef électricien ne se sont plus adressé la parole pendant un an.

Les deux plus célèbres chats de théâtre sont actuellement ceux du Shakespeare's Globe, théâtre qui ne pouvait décemment ignorer la tradition. Jack et Cleo (noms de scène : Portia et Brutus) sont entrés en fonction voilà deux ans et on a même vu débarquer la télévision turque pour réaliser un reportage sur eux. Nina Jacobs, chargée des relations publiques du Globe, avoue que cette couverture médiatique devient « assez exaspérante » :

— Si l'on veut faire parler de nos spectacles, dit-elle, la publicité sur les chats doit cesser d'être une priorité.

Le théâtre est un haut lieu de la superstition et pendant longtemps on a cru que les félins y attiraient la chance. Richard Hugget, dans *The Curse of Macbeth* (la malédiction de Macbeth), suggère l'idée qu'un chat qui fait ses besoins dans la garde-robe représente le meilleur présage que l'on puisse espérer, et nous rappelle que c'est justement ce qui est arrivé à Noël Coward le soir de la première de sa pièce *Le Vortex*, qui devint un immense succès.

L'acteur Jon Holliday se souvient d'une représentation de *White Cargo*, en 1951, au Palace Theatre de Redditch, avec en tête d'affiche Geoffrey, le père de Felicity Kendal :

— Le décor était constitué d'une simple case au cœur de l'Afrique et la pièce racontait les mésaventures d'un Blanc, ou comment la chaleur et la soif finissent par avoir raison de tous les principes moraux d'un homme. Je me trouvais sur le plateau avec Geoffrey le soir de la première lorsque notre mascotte a fait irruption. Nous ignorant totalement, elle est venue s'installer au beau milieu de la scène et, le regard survolant la rampe, a contemplé le public. « Vire-moi ce tigre de là », a hurlé Geoffrey.

Quelques chats ont survécu dans le West End mais, confinés au hall d'entrée des théâtres, ils mènent une existence moins luxueuse. On peut voir, par exemple, Marilyn et Vivien couchés sur les ordinateurs de la caisse du Comedy Theatre dans Penton Street.

— Marilyn passe tellement de temps à dormir qu'on se demande parfois si elle n'est pas morte, remarque Simon Francis, le régisseur.

L'Albery, niché au creux d'une ruelle bourrée de restaurants qui donne sur St Martin's Lane, est le territoire des chats par excellence. Ses deux pensionnaires, Girl Cat et Boy Cat, forment une fine équipe, comme leurs noms peuvent le suggérer. Au départ, on avait eu besoin d'eux parce que l'endroit était infesté de souris.

Bien qu'il n'en soit qu'au tout début de sa carrière, Boy Cat a déjà fait des siennes en dévorant, un soir de gala, le bouquet destiné à la princesse Margaret. Au cours d'une représentation de *Pygmalion*, il a également traversé la scène, sauté dans le public et pris place sur un siège inoccupé, juste au premier rang, où son voisin le combla de caresses jusqu'au baisser de rideau.

Pendant le déroulement de la pièce *Five Guys Named Moe*, les deux chats sont venus s'installer sous un élément du décor, refusant d'en bouger jusqu'à ce que démarre le numéro de claquettes. Comme cela a dû leur donner mal à la tête, ils se sont alors décidés à explorer le pourtour des corbeilles, avec toutes les ouvreuses à leurs trousses.

Aujourd'hui, il est rare qu'on permette à des chats d'entrer dans les loges, mais cela n'a pas toujours été le cas. Beryl Reid, une amoureuse de ces animaux, qui avait emmené chez elle Fleur, la mascotte du Lyric, soutenait que dans les théâtres ils étaient la meilleure panacée contre le trac.

— Le seul fait de caresser un chat fait baisser la tension et régule la pression artérielle, écrivait-elle.

Un de ses chats préférés était Beerbohm, ancien résident de ce qui est devenu à présent The Gielgud. Ce spécimen tigré aristocratique, dont le portrait est toujours accroché dans le hall qui mène aux fauteuils d'orchestre, avait pour habitude de faire au moins une apparition sur scène dans chaque production, testant ainsi les dons d'improvisation des comédiens. Tout en étant apprécié par la plupart des membres de la troupe, il sélectionnait par principe l'un d'entre eux – Peter Bowles, Michael Gambon ou Penelope Keith –, à qui il réservait un traitement de faveur et dont il occupait la penderie le temps que durait la pièce. Sa célébrité lui valut d'être plusieurs fois mentionné dans *Desert Island Discs.* C'est d'ailleurs le seul chat de théâtre à avoir eu l'honneur de la couverture du journal *The Stage* (la scène) – mais c'était pour annoncer sa mort.

En 1974, le Theatre Royal, sur Drury Lane, connaissait un grand succès avec *Billy* et sa vedette, Michael Crawford. Aussi, quand l'établissement se procura un nouveau chat, les machinistes l'appelèrent-ils Ambrose, d'après l'un des personnages de la pièce. Ambrose était toujours en « habit de soirée » – robe noire de jais avec un cœur blanc – et tout le monde l'aimait beaucoup. Il adorait faire des apparitions pendant les représentations, ce qui avait le don d'exaspérer la star. Le public croulait de rire et parfois applaudissait.

— On avait du mal à garder son sérieux, se rappelle Marianne Price, qui donnait alors la réplique à Crawford, mais ce dernier était furieux. Il ne supportait pas qu'on lui vole la vedette.

On eut même vent de sombres menaces, mais toute l'équipe technique prit la défense d'Ambrose.

La comédienne Avis Bunnage, qui faisait aussi partie de la troupe, était tombée amoureuse d'Ambrose.

Il fut sa consolation le jour où la production s'arrêta. En effet, après avoir quitté les représentations de *Billy*, Mlle Bunnage entretint une étonnante correspondance, qui dura douze ans, avec Ambrose et Thora Tolson, la secrétaire du théâtre, et qui révèle chez elle une jalousie féroce pour l'affection d'Ambrose.

En mai 1976, elle lui écrivit : « Je pense constamment à Ambrose et il me manque terriblement. Si d'aventure il montrait le moindre signe de tristesse, je vous en prie, faites-le-moi savoir et j'espère qu'"ils" me laisseront l'emmener. Je sais que John le nourrit bien... mais les hommes ne peuvent pas tout comprendre... »

En 1983, Mlle Bunnage, exactement en même temps qu'Ambrose, ne se sentit pas très bien. En août, elle écrivit encore une fois à Mlle Tolson en joignant un chèque : « S'il vous plaît, acceptez ceci pour les dépenses d'Ambrose. Quoi qu'il en coûtera pour sa santé, je le réglerai. »

Ambrose mourut en 1985 et Mlle Bunnage eut le cœur brisé. Depuis lors, le Theatre Royal n'a plus jamais eu de chat.

D'ÉTRANGES AMIS

Mark Twain

DANS LES INNOCENTS EN VOYAGE, *l'auteur américain, grand amoureux des chats, raconte une bien étonnante amitié dont il fut le témoin lors d'un voyage en France durant l'année 1869.*

Dans le grand Jardin zoologique de Marseille, on peut voir des spécimens de presque tous les animaux du monde... Or le colossal éléphant avait un petit compagnon dont il était inséparable, et c'était un chat ! Un chat ordinaire. Mais il n'avait pas son pareil pour grimper sur les épaules du pachyderme et se percher sur son dos. Il s'installait tout là-haut, ses petites pattes bien ramassées sous son poitrail et il y faisait la sieste au soleil une bonne moitié de l'après-midi. Au début, cela dérangeait son hôte, qui l'attrapait avec sa trompe et le faisait tomber. Mais, têtu, il regrimpait aussitôt. Sa persévérance finit par avoir raison des préjugés de l'éléphant et, aujourd'hui, ils ne se quittent plus. Le chat joue entre les pattes et la trompe de son camarade, et, si un chien s'approche, il court se réfugier sous son ventre. Il faut dire que l'éléphant ne s'est pas privé d'en corriger plusieurs, qui avaient menacé son petit compagnon d'un peu trop près.

NELSON LE BRAVE

WINSTON CHURCHILL, grand homme politique et héros de la dernière guerre, avait un chat appelé Nelson qui, pendant les raids aériens, courait se cacher dans son propre abri (probablement plus poussé par le bruit infernal des tirs de DCA que par la perspective de recevoir des bombes), à savoir l'énorme commode de la chambre du Premier ministre. Son maître, au contraire, ne bougeait jamais quand il y avait une alerte.

Le secrétaire privé de Churchill, Jock Colville, rapporte dans ses souvenirs que, un après-midi d'alerte, il s'était rendu dans la chambre du Premier ministre, officiellement pour lui remettre un télégramme de Roosevelt, mais en réalité pour le persuader de rejoindre l'abri – vaine démarche que personne n'affectionnait, dans la mesure où Churchill répondait invariablement à ce type d'invitation par une cassante rebuffade.

Colville frappa à la porte puis, n'obtenant aucune réponse, entra dans la chambre et tomba sur Churchill, à moitié habillé et à croupetons, cherchant quelque chose sous la commode.

— Tu devrais avoir honte, disait-il en s'adressant à l'obscurité qui régnait sous le meuble, avec un nom comme le tien, de te cacher ainsi alors que tous nos braves petits gars de la RAF sont en train de combattre héroïquement dans le ciel pour sauver leur pays.

Mais Nelson demeura invisible jusqu'à que le bruit des canons – et des récriminations – se soit calmé.

LE CHAT PRÈS DU FEU
(Extrait)

Leigh Hunt

UN BON FEU QUI CRÉPITE, une chaude couverture, des bougies allumées et les rideaux tirés, la bouilloire qui chauffe pour faire le thé (non pas sur le rond central de la cuisinière, sous peine de faire bouillir le breuvage, mais juste à l'angle), et enfin le chat, là, présent, qui capte votre attention : c'est une scène que tout le monde apprécie à moins d'être atteint d'une aversion morbide envers cet animal, ce qui est assez rare. Il est vrai qu'il existe toujours des chicaneurs pour se livrer à de fallacieuses comparaisons entre chat et chien – histoire de raconter pour la énième fois que le premier serait moins affectueux, préférerait la maison au maître, etc. Mais selon cette bonne vieille maxime qui fait chaud au cœur et qui dit que « toute comparaison est odieuse », nos lecteurs, du moins je l'espère, continueront à aimer ce qui est aimable en chaque être, pour lui-même, sans essayer de le diminuer ou de pointer du doigt une prétendue infériorité. Voici un magnifique feu de bois et un chat à proximité ; nous serions seuls fautifs si, emménageant dans une autre maison, auprès d'un autre feu, nous ne nous inquiétions pas de savoir si notre compagnon a suivi. Les chats ne peuvent pas veiller au déménagement des choses matérielles, comme les hommes. Nous nous devons d'avoir de la considération pour les créatures qui en ont pour nous. Il n'est pas acquis d'avance qu'un être, quadrupède ou bipède, puisse s'attacher à nous en dépit de tous nos manques, comme sait le faire un chien ou un sage bienveillant. En revanche, on raconte beaucoup d'histoires sur les chats et leur immense bonté : certains suivent partout leur maître comme un chien, l'attendent sur le pas de sa porte pour le remercier d'une gentillesse de la veille... Nos lecteurs se souviendront peut-être de l'histoire du fameux Godolphin Arabian, sur la tombe duquel le chat qui avait partagé sa vie dans les écuries vint s'étendre pour mourir.

Le chat ronronne, comme s'il applaudissait à la considération que nous lui témoignons – et remue doucement la queue. Quelle étrange chose, quand il nous regarde, que l'expression de sa frimousse, qui montre à la fois combien il pourrait devenir facilement irritable mais à quel point il veut nous prouver qu'il est si heureux là, avec nous, en ce moment ! Il faut avouer que nous aimons mieux ne pas l'entendre ronronner ou nous regarder de cette façon-là. Cela ressemble trop à une espèce de sourire ou à quelque chose qu'il mijote (*pense* serait trop faible), comme on le voit parfois chez les gens nerveux ou grognons, qui se plaisent quand même à manifester leur satisfaction. Nous préférons, pour ce qui est de l'expression générale, que le chat soit tranquille, sans attitude particulière, d'une contenance comparable à la nôtre, mais avec cette grâce et cette retenue qui indiquent qu'on ne se force pas à être aimable – le « sourire dans un sourire », comme dit si justement le poète.

En outre (pour en finir avec tous les préjugés à l'encontre de l'animal, un peu comme les écoliers à la cantine avalent à toute vitesse les mauvais hors-d'œuvre en attendant que la bonne viande leur soit servie), nous devons avouer que nous n'aimons guère la façon dont il s'amuse avec une souris avant de la tuer, en la faisant bouler et sauter en l'air comme une balle, puis en la laissant s'échapper pour mieux lui bondir dessus, avec délice. Pourtant, de quel droit appliquons-nous nos principes humains de cruauté au fonctionnemment cérébral inférieur du chat ? Sans doute ne conçoit-il même pas notre idée que sa proie est vivante – elle lui apparaît plus comme un jouet amusant qui bouge et qu'on peut manger, une sorte de pâtée animée qui sautille ici et là. Essayez donc de mettre dans le crâne d'un gentilhomme campagnard de la vieille école qu'il est cruel de chasser le lièvre et vous comprendrez combien il est malaisé de faire entrer dans la tête d'un chat que c'est vilain de jouer avec une souris. Vous pourrez lui lire tous les traités les plus savants sur le sujet, le chasseur vous méprisera, point final.

Quant au fait que des chats dévorent parfois leurs petits, ce phénomène hors norme relève de l'exception qui confirme les règles habituelles et magnifiques de la nature. C'est pourquoi nous ne l'aborderons pas ici. Ce malheur est le plus souvent dû à des conditions de vie ou à des situations qui, elles, n'ont rien de naturel. On observe de semblables monstruosités chez les humains, ce qui n'induit aucune conclusion négative sur les caractères de l'espèce en général. Même les chiens ne sont pas sans reproche ; quant aux sages, on sait combien ils peuvent être sujets à d'insolites divagations. Benjamin Franklin n'a-t-il pas réclamé un jour un shilling à son fils pour n'avoir pas été du même avis que lui en politique ?

En revanche, peut-on comparer les chats aux tigres ? Sont-ils des tigres en miniature ? Eh bien, oui, c'est le cas, mais avouez que ce sont vraiment des miniatures de tigres. Et c'est là que je dis : au nom de quoi ce fauve n'aurait-il pas droit à son dîner comme monsieur Tout-le-Monde ? Il traite l'homme comme le chat le fait avec une souris ; c'est normal et évident, et nous n'avons aucune raison de supposer qu'il soit conscient des souffrances de sa proie, ou qu'il cherche autre chose qu'à apaiser sa faim. Et que font, à votre avis, le boucher et le marchand de volailles ? Il est vrai que le tigre peut causer des dégâts et que, au milieu d'un troupeau de moutons, il va tuer plus qu'il n'a besoin pour être rassasié. Mais comment se comporte le gentilhomme au mois de septembre ? En vérité, devrions-nous écouter ces juges vénérables qui ne feraient, soi-disant, pas de mal à une mouche mais qui, dès l'automne, s'empressent de partir à la chasse pour estropier tout ce qui bouge ? Ah, voilà le beau résultat des habitudes et de l'éducation ! Eh bien, vous n'éduquerez pas davantage un tigre si ce n'est en contentant son estomac. Donnez-lui à manger, et il ne dévorera plus les hommes et ne blessera plus personne. En revanche, supprimez ses repas à monsieur Tout-le-Monde pendant un jour ou deux, et observez dans quel état il se mettra, surtout s'il est de nature irascible. Mieux que cela : repoussez son repas de seulement une demi-heure et voyez comme son estomac et ses doigts exipriment des tourments dignes d'un fauve – il sera même prêt à tuer la cuisinière et à assener une paire de gifles à son valet de pied.

Les animaux, par la nature des choses, dans leur état actuel, se dévorent les uns les autres sans malveillance de part et d'autre. Ils équilibrent ainsi les populations des différentes espèces de leur environnement jusqu'au jour où l'une d'elles ne semble plus devoir perdurer, et c'est ainsi que certains prédateurs ont disparu de la planète, tels les loups en Angleterre. Que cela soit un bien ou un mal n'a jamais interpellé les moralistes autant que les possibilités d'éduquer les hommes et les méfaits de la bêtise. Mais si nous acceptons l'idée que cela n'a finalement que peu d'importance, nous pourrons tous retourner dîner aussi jovialement qu'avant, convaincus de ces trois vérités : la vie est longue, la mort rapide et le monde magnifique. C'est pourquoi revenons-en à notre feu de bois et contemplons le chat.

Pauvre Pussy ! Elle lève à nouveau son regard vers nous, comme pour nous remercier d'avoir formulé les bonnes raisons en vertu desquelles il lui faut bien, comme tout le monde, avoir à dîner. Symboliquement, elle me gratifie d'un somptueux bâillement et d'un coup de langue sur ses moustaches. Elle entame à présent une minutieuse toilette, consciente des soins qu'elle doit à son élégante personne, en commençant par les pattes, depuis les pelotes jusqu'au haut des cuisses, à grands coups de langue dont l'amplitude ne laisse pas de surprendre. Là voilà qui se gratte le cou avec la patte arrière et apparemment c'est délicieux, car elle penche la tête en fermant les yeux de bonheur, à la fois par commodité technique et pour mieux savourer cet instant de plaisir. Elle remercie ensuite cette patte de quelques coups de langue – remarquez comme les mouvements de sa tête et de son cou sont beaux à voir, avec les oreilles pointées en avant et l'encolure qui décrit de souples ondulations. Enfin elle éternue, se redonne un petit coup sur le museau et les moustaches puis, enroulant sa queue autour de ses petits pieds, s'assied dans une attitude de profonde méditation.

À quoi pense-t-elle ? À la tasse de lait du matin ? Ou à la tape qu'elle a reçue la veille pour avoir chapardé ?

Ou encore à sa viande à elle, de la viande crue de noble cheval ? Ou même à son petit camarade, le chat des voisins, qui lui donne les sérénades les plus passionnées de tout le quartier ? Ou bien à ses chatons, tous partis, certains étant déjà grandets ? Serait-ce justement cette pensée qui la rend si mélancolique ? Aurait-t-elle l'insigne privilège de partager, avec les humains, ce qu'on appelle le chagrin ?

C'est une chatte encore très alerte, bien qu'elle ne soit plus très jeune : quand il nous arrive de déranger du pied les franges du tapis, elle tend aussitôt une longue patte et commence à jouer en farfouillant en dessous, comme si c'était le signe qu'il ne faut surtout pas laisser passer une pareille occasion de s'amuser, ou bien qu'il y a quelque chose à manger qui s'y cache. Sa petite patte s'agite avec grâce, délicatesse et vivacité en combinant poussée, battement et prise. On peut même déceler en elle quelque crainte simulée devant un éventuel danger tapi là, ne serait-ce que pour motiver son courage et son excitation lors de cette « hasardeuse » entreprise. Je me rappelle comme nous nous amusions à observer un chaton se livrant à diverses expériences pour tester la patience de Pussy – et voir jusqu'où celle-ci supporterait stoïquement morsures et bousculades. Il se précipitait sur elle, lui assenait un coup de patte ou lui mordait la queue, puis revenait aussitôt à la charge. Sa mère restait tranquille en le regardant, balançant entre la tolérance et l'admiration, se demandant si son turbulent rejeton avait bien hérité de l'esprit de famille ou même le surpassait. À la fin, pourtant, le jeune Pickle devait dépasser les limites et la chatte, une patte levée, attendait le moment opportun pour lui flanquer sans ménagement une claque comme nous n'en avions encore jamais vu. Le petit est allé valser à l'autre extrémité de la pièce. Il s'est relevé en essayant de reprendre une contenance un peu ridicule, avec sur sa frimousse l'expression comique d'un début de réflexion.

Les taches de lait à côté de l'assiette sont une des choses que nous autres, humains, n'aimons guère. Comme s'il ne pouvait pas y avoir de plaisir à faire des éclaboussures ! Malgré cela, l'assiette est toujours vite nettoyée. Et comme il est rafraîchissant d'entendre des coups de langue qui lapent, signe de réel bonheur pour Pussy ! Sa langue fine fait office de cuillère. Mais c'est une technique qui est commune à bien d'autres quadrupèdes que les félins. En revanche, l'électricité statique du pelage est une spécialité du chat : tout le monde a fait l'expérience des étincelles qui piquent les doigts quand on le caresse. Autre spécificité : la valériane. Le lecteur a-t-il déjà observé un chat se roulant dessus ? C'est sidérant à voir. Mais l'animal affiche bien d'autres singularités naturelles, comme son goût pour le poisson, créature dont il ne partage pas, et même déteste, l'élément. Cela dit, nous avons récemment lu un document sur un chat qui nage et pêche sa pitance. Cela me rappelle une adorable anecdote sur ce cher, dogmatique, sage, bizarre, bourru et généreux Samuel Johnson[1], qui avait pour habitude d'aller lui-même acheter des huîtres pour son chat parce que son serviteur noir était trop fier pour cela ! Non pas que nous formulions des reproches à l'adresse de ce valet à une époque où régnait l'esclavage. Il avait bien le droit de faire la mauvaise tête, bien qu'on eût pu attendre de lui qu'il vît plus loin que le bout de son nez et qu'il acceptât, ne fût-ce que par affection pour son maître, de mettre un peu sa susceptibilité de côté. Rendons plutôt hommage à la profonde délicatesse et au sens pratique de Johnson en pareille occasion. Je suis sûr qu'il n'aura jamais eu le sentiment de « déchoir » ou d'être excentrique. C'était un original pour certaines choses, mais il ne le faisait jamais exprès, car il détestait se singulariser. En vérité, dans ses meilleurs moments, il estimait seulement se comporter en homme, et c'était quelqu'un d'une grande bonté, doté d'une certaine fragilité, qui cultivait la vertu et l'humilité, qui avait connaissance de son ignorance comme de sa sagesse et qui désirait avant tout être un philosophe chrétien. Et, souhaitant mettre ses principes en application, il allait donc lui-même chercher à manger à son chat parce que son pauvre nègre était trop fier pour le faire et qu'il n'y avait personne d'autre à qui il aurait pu demander ce service. C'est ce que les gens auraient pu penser de lui en le voyant remonter Bolt Court. Mais il s'arrangeait pour effectuer ses courses dans la plus parfaite

1. Voir le chapitre « Le chat de Samuel Johnson », p. 207. *(N.d.É.)*

discrétion – c'est du moins ce qu'il ambitionnait, pour ainsi dire, dans toute cette affaire. Son ami l'acteur David Garrick n'en aurait jamais fait autant. C'était un personnage trop important, qui vivait sur un trop grand pied. Goldsmith, quant à lui, aurait peut-être pu agir de même ; encore aurait-il fallu que cette idée lui traversât l'esprit. Et Beauclerc ? Pourquoi pas, mais il aurait alors estimé nécessaire de se justifier en évoquant une plaisanterie ou un pari. *Sir* Joshua Reynolds, lui, avec ses talents de portraitiste des belles dames à la mode, serait rentré sous terre. Quant à Burke, il aurait d'abord donné mille bonnes raisons pour aller au charbon, puis mille autres pour éviter d'y aller. Ah, Gibbon ! Essayez d'imaginer ce qui aurait pu se passer dans sa cervelle ! Lui et sa lourde perruque auraient commencé par appeler un huissier, qui aurait refusé avec horreur, puis sonné le coursier stagiaire du second assistant du cuisinier...

Les chats près du feu vivent dans le luxe et représentent le bonheur de la maison mais, sous prétexte que certaines gens craignent qu'ils ne fassent pas leur travail de prédateurs auprès des souris, ils se voient souvent jetés dehors par les nuits froides, pourchassés par des cuisinières irritables, malmenés par des enfants (aimerions-nous être écrabouillés et tiraillés en tous sens par des maîtres qui, comparativement à nous, seraient des géants ?) et enfin, et ce n'est pas le moindre de leurs malheurs, constamment et horriblement bousculés, dans la plus parfaite inconscience, par nos pieds d'humains et ceux de nos chaises. Élégance, confort et sécurité semblent régner en toute chose en ce jour béni, et vous allez vous mettre à table pour dîner, écouter de la musique ou prendre le thé, lorsque tout à coup le chat pousse un hurlement comme si on l'écrasait, et vous n'êtes pas sûr que ce ne soit pas le cas. Mais le voilà qui revient, comme si de rien n'était, défiant tous les pieds et tous les meubles du salon. Magnifique suffisance de l'imagination féline ! Circonscrite à son confortable périmètre, avec peut-être, en plus, quelques centimètres de tapis.

EN ATTENDANT L'OUVERTURE DU PUB

Carl van Vechten

CE TEXTE CHARMANT est extrait du fameux ouvrage de Van Vechten, The Tiger in the House, *publié en 1922.*

Par un caniculaire dimanche après-midi du mois d'août, en remontant la Cinquième Avenue, je remarquai un gros chat roux tigré en train de se frotter en miaulant contre une bouche d'incendie. Je m'arrêtai pour lui parler, comme c'est mon habitude avec ces animaux, lorsqu'un agent de police irlandais s'approcha de nous.

— Je crois qu'il a soif, suggéra ce très perspicace officier. Il a remarqué que parfois de l'eau sortait par là.

— Vous devez avoir raison, répondis-je. Donnons-lui à boire.

Je ne pense pas qu'un chat se lance dans une quelconque expédition uniquement parce qu'un homme a besoin de sa compagnie. Se promener est une manie humaine dans laquelle sombrent facilement les chiens, mais c'est une forme d'exercice très désagréable pour un chat, à moins que celui-ci n'ait un projet derrière la tête. Le matou poil de carotte nous était complètement étranger, au policier comme à moi, et pourtant, quand nous lui avons suggéré de venir boire un coup, il nous a gentiment emboîté le pas et a descendu la Cinquième Avenue avec nous.

— Je crois que, chez Page & Shaw's, c'est ouvert, opina l'agent de police.

Le pub Page & Shaw's se trouvait à au moins trois pâtés de maisons après la bouche d'incendie, mais le chat ne nous quittait pas d'une semelle. Quand nous sommes arrivés, je lui ai demandé de s'asseoir et d'attendre un moment. L'agent de police entra dans le pub puis réapparut avec une tasse de carton remplie d'eau. Le chat la vida et en réclama encore. On lui en servit donc une seconde. N'ayant, alors, plus besoin de nos services, sans autre façon, il repartit en trottinant.

LE GROS CHAT

Q. Patrick

LES MARINES L'AVAIENT TROUVÉE après la prise de l'ancienne mission de Fifa. Au bout de deux jours de combats incessants, ils ne pensaient pas qu'il pût y subsister un être vivant – et encore moins un gros chat.

C'était en effet une chatte bien grassouillette, rouquine comme un Écossais, avec d'immenses yeux d'agate et une adorable bouille toute ronde. Elle se tenait là sur une natte – ou plutôt ce qu'il en restait –, au seuil de ce qui avait été le porche de la mission, et se léchait les pattes aussi tranquillement que si la jungle éventrée par les bombardements avait été une verte pelouse du New Jersey par une belle journée d'été.

Un de nos hommes, se souvenant d'une poésie apprise quand il était écolier, cita ce vers : « La grosse chatte était assise sur la natte. »

Les autres éclatèrent de rire, non pas que la citation fût éminemment comique, mais parce que cela leur permettait de relâcher un peu la pression et d'exprimer leur soulagement d'avoir enfin atteint leur objectif, après une bataille acharnée.

La chatte, toujours sur sa natte, leur sourit comme

pour leur montrer qu'elle ne leur en voulait pas d'être à leurs yeux un sujet de plaisanterie. Puis elle remarqua le caporal Randy Jones et, pour des raisons mystérieuses, connues d'elle seule, courut vers lui comme s'il avait été son maître trop longtemps parti. Avec un ronronnement semblable à un moteur, elle se mit en devoir d'effectuer de savantes circonvolutions autour de ses mollets boueux.

Tout le monde rit de plus belle lorsque Randy la prit dans ses bras et frotta son vilain visage contre la belle fourrure lisse. C'était drôle de voir ce petit être vivant marquer sa préférence pour le solitaire et austère Randy.

Un sergent claqua des doigts :

— Eh, toi, le minou, viens là. Tu seras la mascotte de la compagnie B.

Mais la chatte, perchée sur les épaules de Randy telle une reine sur son trône, se contenta de sourire majestueusement, d'un air de dire : « Vous pouvez tous faire partie de mes sujets, si cela vous dit. Mais lui, ce sera mon prince consort. »

Depuis lors, elle ne cessa de lui manifester une dévotion totale. Elle vivait avec Randy, dormait avec lui, ne mangeait que la nourriture qu'il lui donnait. Presque tous les hommes de la compagnie B tentèrent de la séduire à coups de caresses et de morceaux de leurs rations de conserve, mais ces avances ne recevaient à la finale qu'un petit miaulement de mépris.

Pour Randy, ce nouvel amour était une pure extase. Il surveillait la chatte avec la tendresse possessive d'une mère. Il peignait sa fourrure. Il était prêt à mourir de faim s'il le fallait pour qu'elle reste toujours aussi belle et grasse ; il vivait quelque chose de merveilleux. Né en

Virginie-Occidentale, dans une famille pauvre de mineurs, il était des dix enfants le moins doué et celui qui avait hérité du physique le plus ingrat. Jamais auparavant il n'avait inspiré d'affection à qui que ce soit, homme ou femme. Et personne n'avait encore compté pour lui autant que ce gros chat.

Le bonheur de Randy fut pourtant de courte durée. La compagnie B devait, quelques jours plus tard, effectuer un mouvement afin de surprendre par le flanc, et si possible capturer, l'état-major ennemi qui s'était établi dans une zone située à une trentaine de kilomètres de là. Comme il fallait avant cela traverser une jungle dense et truffée de tireurs embusqués, on s'attendait à ce qu'il y ait de la casse. Privé de tout contact avec la base, chaque homme devait porter sur lui sa ration de nourriture et d'eau, et dormir dans les trous d'obus.

L'officier de commandement avait, par ailleurs, fermement donné des ordres concernant le chat : Randy, la mort dans l'âme, fut informé que sa présence mettrait en danger la sécurité de la compagnie tout entière. Par conséquent, s'il était repéré en train de le suivre, il serait abattu sur-le-champ. Juste avant l'heure du départ, Randy confia la chatte au mess de la compagnie H, où elle fut accueillie avec enthousiasme par un cuisinier tout aussi replet qu'elle. Randy n'eut pas le courage de se retourner et de subir les reproches que les beaux yeux d'agate ne manqueraient pas de lui lancer.

Mais durant toute la première journée où les marines entamèrent leur avancée périlleuse au cœur de la jungle, l'image de la chatte ne cessa de le hanter : il éprouvait les affres de la séparation. C'était comme si, en la quittant, il avait laissé femme, mère et enfants derrière lui.

La nuit, tel un immense parachute noir, était tombée depuis plusieurs heures sur la jungle quand Randy, qui s'était écroulé d'épuisement, se réveilla en sursaut. Quelque chose de doux et de chaud lui caressait la joue, et le trou à rats où il s'était lové résonna tout à coup d'une symphonie de ronronnements. Il tendit une main incrédule, mais ce n'était pas un rêve. Réelle et bien vivante, la chatte, toute contente, s'était roulée en boule dans le creux de son épaule.

Son premier mouvement de plaisir laissa vite la place à la terreur devant l'effroyable mise en garde du commandant. Cette chatte, méprisant les cajoleries du cuistot de la compagnie H, l'aurait-elle suivi sur des kilomètres d'une jungle traîtresse pour finalement affronter son exécution au petit jour, quand sa présence serait révélée à tous ?

Randy était torturé d'incertitude. La ramener à la base aurait signifié déserter. La battre et la faire partir était au-dessus des forces de sa nature simple.

La chatte enfouit à nouveau son museau dans son cou en émettant un petit miaulement plaintif. Elle avait faim, bien sûr, après son expédition désespérée. Soudain Randy sut ce qu'il devait faire. Il décida de ne rien lui donner à manger, supputant qu'elle retrouvait ainsi le chemin du sanctuaire des cuisines.

Elle miaula encore une fois. Randy essaya de lui imposer silence et lui donna à contrecœur une petite tape :

— Je n'ai rien pour toi, ma puce. Fiche le camp. Retourne au camp. Va-t'en.

Dans un mélange de plaisir et de désappointement,

elle sauta silencieusement hors du trou de terre. Au petit jour, elle avait disparu.

Tandis que la compagnie B avançait centimètre par centimètre dans une végétation inextricable, Randy se remémorait la visite nocturne de la chatte comme si cela avait été un rêve. Or, la troisième nuit, elle l'avait de nouveau rejoint. Elle se frotta contre sa joue et lui mordilla même délicatement l'oreille. Quand elle se mit à miauler, ce fut de façon sourde et précautionneuse, mais avec un trémolo suppliant et pitoyable, qui transperça le cœur de Randy mieux qu'une baïonnette de soldat japonais.

Lors de la première visite de la chatte, Randy ne l'avait pas *vue*, mais ce soir-là il eut l'idée d'attraper sa lampe électrique. Tenant celle-ci dirigée vers le sol, il éclaira l'animal. Ce qu'il découvrit alors fut pour lui l'épreuve finale. La petite bête n'avait plus rien du gros chat qu'il avait connu. Sa peau pendait de partout. Sa fourrure, à présent terne, était maculée de boue, et ses pattes blessées étaient ensanglantées. Mais c'étaient surtout ses yeux, levés sur lui, qui lui firent le plus mal car, en eux, il n'y avait pas l'ombre d'un reproche, uniquement l'expression d'une confiance et d'une attente infinies.

Oubliant tout excepté ce regard, Randy sortit une de ses maigres rations. À cette vue, la chatte se lécha faiblement les babines. Randy entreprit d'ouvrir la boîte, mais prit aussitôt conscience qu'il signait du même coup l'arrêt de mort de l'animal. Et parce que ces flots d'émotion qui bouillonnaient en lui avaient besoin de trouver un exutoire, il entra dans une colère irraisonnée contre cette chatte dont il ne pouvait plus supporter les souffrances.

— Fiche le camp, murmura-t-il entre ses dents.

Mais elle ne bougea pas.

Il la frappa de sa lourde torche. Pendant une seconde, elle se pelotonna sous la douleur. Puis, avec un petit gémissement, s'enfuit.

La nuit suivante, elle ne revint pas et Randy ne put fermer l'œil.

La cinquième nuit, les soldats avaient atteint le secteur le plus dangereux. Au matin, Randy et un autre marine, Joe, furent envoyés en éclaireurs pour repérer l'endroit où l'état-major japonais avait installé ses baraquements. Soudain, après un parcours pénible à travers la jungle, ils se trouvèrent à pied d'œuvre.

Un profond silence régnait dans la clairière et dans les deux baraques érigées à la hâte. Observant le site à travers l'épais feuillage, ils reconnurent les signes d'une évacuation récente : paperasses dispersées dans l'herbe, tas d'ordures fraîches, chemise de l'armée japonaise flottant sur un arbre. Devant une des baraques, sous une bâche, il y avait une table couverte des restes d'un repas.

— Ils ont dû être informés de notre arrivée et ils ont décampé, murmura Joe.

Randy continua à se frayer un chemin, puis se pétrifia en voyant quelque chose émerger des hautes herbes près de l'entrée de la première baraque. Il cessa de respirer quand il vit la chatte arriver en boitillant dans le soleil.

Le sens du danger chez Randy le disputa à la fierté de n'avoir pas été abandonné par la bête. Immobile, anxieux, il l'observa qui disparaissait dans la baraque pour en ressortir quelques instants après, l'air tranquille.

— Pas de Japs à l'horizon, remarqua Joe. Ce chat les aurait obligés à sortir leurs armes.

Il s'avança donc d'un pas décidé dans la clairière.

— Eh, Randy, viens voir, ils ont laissé un poulet entier sur la table. Ça ne va pas être du luxe après les rations de l'armée.

Il s'interrompit, car la chatte attirée par l'odeur avait tant bien que mal réussi à sauter sur la table. Avec un grognement hargneux, Joe avança son bras avec l'intention de donner un coup de coude à la bête et de l'envoyer valser.

Randy eut un regard indigné. Il avait littéralement affamé cette chatte en la repoussant et, malgré cela, elle l'avait suivi avec une dévotion aveugle. Le poulet, à coup sûr, devait être sa récompense. Dans son esprit, simple et lent à la détente, il lui apparut tout à coup que la chose la plus importante au monde était que sa bien-aimée pût avoir sa juste part du butin.

Voyant le coup arriver, elle sauta de la table juste à temps. Le coup tomba sur le poulet, qui gicla hors du plat.

Randy progressait dans la clairière lorsque, soudain, une explosion assourdissante le plaqua au sol. Quelques secondes plus tard, tandis qu'il se relevait, il découvrit qu'il n'y avait plus ni table ni baraquements, plus rien excepté des troncs d'arbres déchiquetés.

Encore sonné, il entendit la voix de Joe :

— Le poulet était piégé. Vrai, si ce chat n'avait pas grimpé sur la table, je n'aurais pas cherché à le cogner ; on se serait jetés sur la nourriture et à présent on serait au paradis. (Sa voix s'étrangla dans un pauvre soupir.) Quant au chat, j'imagine qu'il n'en reste plus grand-chose… Mais il nous a sauvé la vie.

Randy ne pouvait desserrer les dents. Il avait la gorge nouée. Il resta étendu là, malheureux comme il ne l'avait jamais été.

Soudain, derrière lui, il perçut un ronronnement de contentement. Il se retourna aussitôt. Bizzarement, l'explosion avait soufflé hors de la baraque une natte écrue qui, après un vol plané, avait atterri dans l'herbe juste derrière Randy. Et là, sereinement installée, la chatte le regardait en souriant.

JUBILATE AGNO
(Extrait)

Christopher Smart

Q*UAND LE POÈTE Smart (1722-1771) fut enfermé dans un asile de Londres durant sept années, son unique compagnon fut Jeoffry, son chat. Smart écrivit sur lui un long poème intitulé* Jubilate Agno *(Réjouissez-vous en l'Agneau), dont nous reproduisons un extrait.*

Je dédie ce poème à mon chat, Jeoffry.

Parce qu'il est le serviteur du Dieu vivant, son serviteur dévoué et fidèle.

Parce que, aux premiers rayons du soleil à l'orient, il devient l'adorateur de la Gloire divine.

Parce qu'il exprime son adoration en s'enroulant sept fois sur lui-même avec une élégante souplesse.

Parce qu'il sait flairer le parfum musqué de l'air, qui est la réponse de Dieu à sa prière.

Parce qu'il sait préparer ses fredaines dans le plus grand secret.

Parce que, ayant rempli ses devoirs et reçu toutes les bénédictions, il peut enfin se consacrer à lui-même.

L'opération s'effectue en dix étapes.

Il prend d'abord connaissance de l'état de propreté de ses pattes avant.

En deuxième lieu, il vérifie si celles de derrière ont besoin d'être nettoyées.

Troisièmement, il fait le ménage entre ses doigts bien écartés.

Puis il s'aiguise les griffes sur un morceau de bois.

En numéro cinq, c'est la grande lessive de la robe.

Sixièmement, il se lèche encore un coup, mais cette fois dans l'autre sens.

Puis c'est la chasse aux puces, qu'il ne faut surtout pas interrompre inopinément.

Phase huit : il se frotte contre un montant de porte.

Avant-dernière étape : il vous scrute pour connaître vos instructions.

Enfin, il s'en va chercher sa pitance.

Après s'être occupé de Dieu puis de sa personne, c'est à son voisin qu'il s'intéresse à présent.

S'il s'agit d'un autre chat, il va lui faire des câlins.

J'écris ce poème pour mon chat parce, quand il attrape une proie, il joue avec elle pour lui laisser une dernière chance.

Pour une souris attrapée, sept lui échappent par pure négligence.

Quand il a terminé son travail de la journée, ses véritables occupations commencent.

Car c'est lui qui monte la garde de nuit près de son maître, contre tout adversaire.

Parce qu'il sait opposer au pouvoir de l'obscurité celui de sa peau électrique et de ses yeux luminescents.

Parce qu'il sait déjouer les desseins du diable, synonyme de mort, en exaltant la vie.

Parce que, dans ses oraisons matinales, il manifeste son amour du soleil, qui le lui rend bien.

Parce qu'il est de la race des tigres.

Parce que le chat chérubin est l'autre nom de l'ange tigre.

Enfin parce qu'il possède la subtilité et le sifflement du serpent, que par bonté il dissimule.

Il ne se livre à aucune destruction, s'il est bien nourri, ni ne vous crache dessus sans que vous l'ayez provoqué.

Au contraire, il ronronne de reconnaissance quand Dieu lui dit qu'il est un bon chat.

C'est un merveilleux instrument pour les enfants, qui apprennent, à son contact, la bienveillance.

Et une maison sera toujours incomplète sans lui, car il lui manquera la bénédiction spirituelle.

Dieu a donné des ordres à Moïse concernant les chats le jour où les Enfants d'Israël ont quitté l'Égypte.

Et, de fait, chaque famille a emmené au moins un chat dans ses bagages.

Je dédie ce poème à mon chat parce que le chat anglais est le meilleur d'Europe.

Parce que c'est le plus propre des quadrupèdes qui utilisent leurs pattes de devant.

Parce l'habileté avec laquelle il se défend est un exemple de l'amour extrême que Dieu lui porte.

Parce qu'il est le plus rapide parmi les créatures de son espèce.

Parce qu'il est le plus tenace.

Parce qu'il allie la gravité à la drôlerie.

Parce qu'il sait que Dieu est son Sauveur.

J'aime mon chat, car rien n'existe de plus doux que la paix qu'il dégage quand il se repose.

Et il n'existe rien de plus vivifiant que les moments où il s'anime.

Il fait partie des pauvres du Seigneur et c'est bien ainsi, le plus souvent, que gentiment on l'appelle : pauvre Jeoffry ! Pauvre Jeoffry ! Le rat t'a mordu au cou.

Mais je bénis le nom du Seigneur Jésus parce que mon Jeoffry va mieux.

L'Esprit divin intervient au sein de son corps pour que le chat guérisse et retrouve une forme parfaite.

De fait, sa langue est d'une pureté absolue, même si on ne peut pas en dire autant de sa musique.

Le chat est docile et peut apprendre certaines choses.

Ses airs graves ne sont souvent que l'attente patiente de votre approbation.

Il peut se rendre très utile et montrer beaucoup de patience dans son travail.

Il peut sauter par-dessus une baguette et vous prouver ainsi, toujours avec la même patience, qu'il obéit s'il veut.

Il peut exécuter une quantité de tours rien qu'à la voix.

Il peut sauter depuis une hauteur jusque dans les bras de son maître.

Il sait attraper un bouchon et jouer avec.

Je dédie ce poème à mon chat parce que les hypocrites et les avares le détestent.

Les hypocrites ont peur d'être identifiés.

Et les avares refusent de s'en encombrer.

Le chat fait le dos rond et s'étire quand il sait qu'il va falloir se mettre à l'ouvrage.

C'est un être sur qui l'on peut compter, reconnaît l'homme honnête.

Le chat fut une figure célèbre de l'Ancienne Égypte pour les immenses services qu'il rendait.

Son ouïe est si perçante que ses oreilles ne sont jamais en repos.

Et c'est pourquoi son attention est constamment sollicitée de toute part.

En caressant mon chat, j'ai reçu de l'électricité dans les mains.

Comme si je percevais la lumière de Dieu, qui a fait de lui ce mélange de cire molle et de feu.

Car le feu électrique est la substance spirituelle que Dieu envoie depuis les cieux pour animer les corps des hommes et des bêtes.

Et Dieu a béni le chat dans toute la variété de ses mouvements.

Et si celui-ci ne peut pas voler, c'est quand même un excellent grimpeur.

Ses mouvements à la surface de la terre ne sont comparables à ceux d'aucun autre quadrupède.

Le chat peut marcher au rythme de la musique.

Il peut nager pour sauver sa vie.

Il peut même ramper.

RUFUS LE SURVIVANT

Doris Lessing

VOILÀ QUELQUES MOIS, les événements ont décidé pour moi. Pendant tout le printemps et tout l'été, en passant dans la rue, j'avais vu un pauvre chat roux sortir de sous une voiture ou d'un jardin et me fixer chaque fois d'un regard intense afin que je le remarque. Il voulait quelque chosc, mais quoi ? Quand les chats qu'on rencontre dans la rue, sur les murs des jardins ou sur le seuil des maisons viennent au-devant de vous, s'étirent et jouent de la queue, c'est pour vous saluer et faire un bout de chemin avec vous. Ils ont envie d'une compagnie. Mais s'ils ont été mis à la porte par des maîtres sans cœur, comme cela leur arrive souvent de jour comme de nuit, ils vous appellent à l'aide avec un miaulement grave, insistant et suppliant, qui signifie qu'ils ont faim, soif ou froid. Un chat qui s'enroule autour de vos jambes au coin d'une rue se demande s'il ne pourrait pas échanger un piètre logis contre un meilleur. Mais celui-là ne miaulait pas, il se contentait de me regarder fixement, de ses yeux gris-jaune et pensifs. Puis il a commencé à me suivre sur le trottoir avec quelque hésitation, sans me quitter des yeux. Il se présentait à moi chaque fois que je sortais de la maison et je l'avais sur la conscience. Avait-il faim ? Je lui ai déposé un peu de nourriture sous une voiture. Il n'en a mangé qu'une partie. Pourtant, il était nécessiteux, désespéré, je le voyais bien. Avait-il un foyer quelque part dans la rue, y était-il maltraité ? Il m'avait semblé parfois l'apercevoir près d'une maison un peu plus loin et, lorsqu'une vieille dame y pénétrait, il lui emboîtait le pas. Bon, il avait donc un gîte. Malgré tout, il a pris l'habitude de me suivre jusqu'à la grille et un jour, le trottoir étant tout à coup envahi par un groupe d'enfants bruyants, il partit se cacher dans notre petit jardin de façade. Terrifié, il m'attendait sur le pas de ma porte.

Il avait soif mais pas faim. Ou alors il était tellement assoiffé que la faim passait après. Nous étions en 1984 et c'était l'été, avec ses périodes de grande chaleur. Beaucoup de chats étaient dehors toute la journée, sans point d'eau où s'abreuver. Un soir, j'ai posé une cuvette devant ma porte et au matin elle était vide. Puis, quand la canicule s'est installée, j'en ai placé une seconde sur le balcon qui donne sur l'arrière de la maison. Il était facile d'y accéder par les branches d'un lilas et en sautant depuis un petit toit. Elle était également vide chaque matin. Un jour où la chaleur était particulièrement torride, le rouquin vint en plein jour sur le balcon pour boire, boire, boire... Il vida la cuvette et réclama encore de l'eau. Je lui en ai versé à nouveau et il a replongé le museau dans le récipient, qu'il vida cette fois encore. J'ai alors compris qu'il devait avoir un problème de dysfonctionnement rénal. Maintenant, je pouvais prendre tout mon temps pour l'observer. C'était un chat dépenaillé à la robe sale, et maigre au point qu'on pouvait lui compter les côtes. Mais il était d'une fantastique couleur feu. On aurait dit un renard. C'était un animal entier, qui avait bien ses deux petites boules sous la queue. Il avait aussi les oreilles déchirées, témoignage de ses bagarres passées. À présent, quand j'allais et venais autour de la maison, il n'était pas long à se montrer dans la rue. Il longeait toutes les façades, risquait sa vie entre les voitures, évitait les enfants qui couraient et s'amusaient, pour rejoindre les cours et les jardins garnis d'herbes folles, de buissons, d'arbres, de nombreux oiseaux et d'autres chats. Puis un jour je l'ai trouvé là, sur mon balcon délimité par un petit muret, au milieu de mes pots de fleurs. Il était, bien sûr, arrivé par les branches du lilas, qui retombaient jusque sur ce perchoir. Il était étendu à l'ombre du muret, et la cuvette était vide. Quand il m'a vue, il s'est redressé et a attendu que je lui redonne de l'eau.

À la maison, il devint évident que nous allions devoir prendre une décision. Voulions-nous un autre chat ? Nous avions déjà deux beaux gros mâles coupés et paresseux qui n'avaient jamais douté un seul instant que l'existence, de toute éternité, leur devait pâtée, confort, chaleur et sécurité, pour la bonne raison qu'ils n'avaient jamais eu à lutter pour leur survie. Non, nous ne voulions aucun nouveau pensionnaire, et encore moins s'il pouvait être malade. Mais cela ne nous empêchait pas de laisser de la nourriture et de l'eau pour ce pauvre animal abandonné. Nous lui déposions le tout sur le balcon pour qu'il sache bien que c'était une faveur et non un droit, qu'il n'était pas chez lui et qu'il n'était pas question qu'il entre à la maison. Pour plaisanter, nous l'appelions notre chat d'extérieur.

La canicule ne faiblissait pas.

Notre protégé avait grand besoin de voir un vétérinaire. Mais cela aurait signifié que c'était *notre* chat et que nous en avions désormais trois. Les nôtres pourraient être fâchés, chagrinés et offensés par la présence de ce nouveau venu à qui nous accordions plus de droits, même minimes, qu'à eux. En outre, qu'en était-il de la vieille dame à qui il semblait rendre parfois visite ? Nous le regardions marcher avec raideur dans le chemin, tourner à droite pour se glisser sous la clôture, traverser un jardin puis un autre, avec son pelage orange flamboyant qui se détachait contre le vert terne de l'herbe en fin de saison, et enfin disparaître, probablement dans la cour d'une maison où il se savait bien accueilli.

La chaleur retomba enfin et nous eûmes un peu de pluie. Le chat roux resta planté sur notre balcon, sous la pluie, sa fourrure trempée virant au sombre, sans me quitter du regard. J'ai donc ouvert la porte de la cuisine et il est entré. Je lui ai dit qu'il pouvait s'installer sur cette chaise-là, et pas une autre. C'était *sa* chaise et il ne devait pas en réclamer davantage. Il y grimpa, s'y installa et garda les yeux fixés sur moi. Il avait l'air de celui qui sait prendre ce que le destin lui offre avant que cela ne lui soit retiré.

Quand il ne pleuvait pas, la porte de la cuisine restait ouverte sur le balcon, les arbres, le jardin. Nous détestions nous calfeutrer à coups de fenêtres closes et de rideaux tirés. Et le chat pouvait toujours profiter du lilas pour redescendre dans le jardin et y faire ses besoins. Mais il resta toute cette première journée sur la chaise de cuisine, ne la quittant maladroitement que pour boire à intervalles réguliers un plein bol d'eau. Puis, tout doucement, il a semblé retrouver un peu la faim. Il a fini pas ne plus pouvoir passer près d'une écuelle sans manger ou boire.

Il avait sans doute eu un foyer et savait ce que cela signifiait d'être un chat de maison, un animal de compagnie : il voulait des caresses. Son histoire était très banale. Il avait eu des amis humains qui l'aimaient, ou du moins l'avait-il cru, puisque, un beau jour, ils étaient partis en l'abandonnant à son sort, l'obligeant, ensuite, à trouver seul abri et nourriture. Ou bien ils avaient pris soin de lui aussi longtemps que cela les avait arrangés puis l'avaient relâché dans la nature en quittant le quartier. Pendant un temps, il avait dû être nourri par la vieille dame, mais elle avait sans doute négligé de lui donner à boire. Maintenant, il avait meilleur aspect. Mais il ne faisait toujours pas sa toilette. Il était triste et réservé : on le serait à moins après avoir connu dépression et désespoir. Peut-être même avait-il cru ne plus jamais retrouver un foyer. Au bout de quelques jours, quand il comprit que nous ne le chasserions plus de la cuisine, il a commencé à ronronner chaque fois que nous nous approchions de lui. Jamais de ma vie – opinion partagée par tous les gens qui, entre-temps, sont venus chez nous – je n'ai entendu un chat le faire aussi bruyamment que lui. Tandis qu'il restait couché sur la chaise, ses flancs se soulevaient au rythme des ronronnements, qui s'entendaient dans toute la maison. Il voulait nous faire savoir qu'il était reconnaissant. C'était délibéré.

Nous l'avons brossé. Nous avons fait sa toilette à sa place. Nous lui avons donné un nom. Nous l'avons emmené chez le vétérinaire, admettant cette fois implicitement que nous étions à la tête de trois chats. Il avait les reins en mauvais état et un ulcère à une oreille. Il lui manquait certaines dents. Il avait de l'arthrite ou du rhumatisme, et son cœur était fatigué. Et pourtant, ce n'était pas un vieux chat. Il devait avoir entre huit et neuf ans. Il aurait été encore vaillant si l'on avait pris soin de lui, mais il avait dû se débrouiller tout seul probablement depuis pas mal de temps. Les chats qui sont obligés de faire les poubelles, de quémander et de dormir à la dure par tous les temps dans les grandes villes ne vivent pas vieux. Celui-ci serait bientôt mort si nous ne l'avions pas sauvé. Nous lui fîmes prendre des antibiotiques et des vitamines et, peu après cette première visite chez le vétérinaire, il a recommencé le laborieux rituel de la toilette. Mais ses raideurs articulaires l'empêchaient d'atteindre certaines parties de son anatomie et il lui a fallu faire de gros et pénibles efforts pour redevenir propre et civilisé.

Tout cela s'était déroulé dans la cuisine, principalement sur la chaise, qu'il craignait à présent de quitter. Car c'était sa place. Sa petite place à lui. Son lien ténu avec la vie. Et quand il sortait sur le balcon, il nous regardait attentivement, au cas où il nous prendrait l'idée de refermer la porte derrière lui, car il redoutait par-dessus tout de rester dehors. Si nous faisions le moindre geste qui lui paraissait suspect, il grimpait aussitôt, même maladroitement, jusque sur le balcon et fonçait droit sur la chaise.

Il aimait rester sur mes genoux et, dans ces moments-là, se mettait à me piétiner en ronronnant et en me lançant des œillades de bonheur de ses beaux yeux intelligents jaune paille : « Vois comme je te suis reconnaissant et comme j'essaie de te le dire. »

Un jour, pendant que les arbitres de sa destinée se trouvaient réunis dans la cuisine pour siroter du thé, il sauta de son perchoir et se dirigea lentement vers l'encoignure de la porte menant au reste de la maison. Là, il s'arrêta, tourna la tête vers nous et nous interrogea du regard. On ne pouvait être plus clair : « Puis-je entrer dans la maison ? Puis-je être un vrai chat domestique ? » Nous aurions bien aimé le lui permettre, mais nos deux matous semblaient ne pouvoir le tolérer que dans la mesure où il restait cantonné à la cuisine. Pour eux, c'était un chat de cuisine. Nous lui avons alors montré la chaise : il est patiemment remonté dessus et y est resté, silencieux et déçu, pendant un moment. Puis, de ses flancs, un ronronnement recommença à s'échapper. Inutile de dire que cet épisode nous rendit extrêmement malheureux.

Quelques jours plus tard, il quitta la chaise avec prudence et se planta à nouveau devant la porte ouvrant sur le séjour. Cette fois encore, il chercha à lire nos instructions sur nos visages. Comme nous ne lui avons pas enjoint de retourner se percher, il a pénétré dans la maison, mais pas très loin. Il a trouvé un abri sous la baignoire et s'y est blotti. Les autres chats sont arrivés à toute allure pour vérifier où il pouvait bien se terrer et nous ont posé mille questions sur la situation. Mais notre avis était que ces deux princes allaient devoir apprendre à partager leur bonne fortune. Dehors, l'automne prenait ses quartiers. Puis ce fut le début de l'hiver. Nous devions à présent fermer la porte de cuisine. Problème : comment notre nouveau pensionnaire pourrait-il aller faire ses besoins ? Depuis quelques jours, quand il voulait sortir, il se plantait devant la porte de la cuisine mais, une fois sur le balcon, ne voulait plus sauter sur le petit toit ou descendre le long du lilas, car ses membres étaient devenus trop raides. Il utilisait alors mes pots, où quelques plantes essayaient péniblement de pousser. Voyant cela, j'ai mis une boîte remplie de terre à sa disposition. Il comprit et s'en servit, mais ce n'était pas très amusant pour moi de devoir nettoyer régulièrement cette litière. Il existe une chatière en bas de la porte qui donne sur le jardin pour que les chats puissent sortir quand ils le veulent. Grâce à cela, ils n'ont jamais, au grand jamais, fait de saletés à l'intérieur de la maison. Qu'il pleuve, qu'il neige ou qu'il vente, ils vont dehors.

Voilà où nous en étions au début de l'hiver. Pendant les soirées, les gens et les deux chats résidents – ceux de droit – étaient dans le salon, et Rufus – c'était son nom – toujours sous la baignoire. Puis, un soir, il fit une apparition, théâtrale s'il en fut, à l'angle de la porte du salon : il était l'incarnation même de l'exclu, dépossédé, insulté et blessé par la vie, la mauvaise conscience incarnée pour les privilégiés bien chauffés et bien nourris que nous étions. Il jeta un bref coup d'œil sur ses rivaux, mais garda intelligemment les yeux fixés sur nous. Qu'allions-nous dire ? Eh bien, ce fut : « Entendu, il pourra se mettre sur le petit fauteuil de cuir près du radiateur, la chaleur fera du bien à ses vieilles douleurs. » Nous avons aménagé un creux sur l'assise du siège, il est venu s'y pelotonner et il a mis en marche son usine à ronrons. Il a ronronné, ronronné, ronronné si bruyamment et si longtemps qu'il a fallu le prier de cesser parce qu'on ne s'entendait plus parler. Littéralement. Nous avons même dû éteindre la télévision. Quand j'étais à l'autre extrémité de la maison, deux étages au-dessus, et que j'entendais un vrombissement rythmique, cela voulait dire que Rufus était réveillé et qu'il nous exprimait sa gratitude. Ou peut-être dormait-il et ronronnait-il dans son sommeil ? Car, une fois qu'il avait commencé, il ne s'arrêtait plus et restait là, les paupières closes, ses flancs se gonflant comme des vagues. Il y avait quelque chose de peu ordinaire et de troublant dans ce ronronnement, de toute évidence volontaire. En regardant et en écoutant ce pauvre survivant qui ne devait la vie qu'au fait d'avoir su utiliser son intelligence, il était facile de se rappeler qu'il était passé à travers bien des hasards, des aventures et des souffrances.

Cependant, nos deux matous n'étaient pas très contents. L'un s'appelle Charles, originellement Prince Charlie, non pas d'après le tenant actuel du titre, mais en souvenir de certaines figures romantiques de l'ancien temps, car c'est un beau tigré plein d'allant qui sait se mettre en valeur. Quant à son caractère, mieux vaut ne pas trop en parler – mais cette chronique, après tout, ne le concerne pas directement. Notre autre chat, doté du caractère qui va avec sa position de frère aîné, possède quant à lui un nom extrêmement prestigieux qu'on lui a attribué lorsqu'il est devenu grand et a commencé à affirmer ses qualités propres. Nous l'avons appelé Général Nez-Rose III, pour rendre hommage à ses prédécesseurs et peut-être aussi nous rappeler que même l'animal le plus dorloté nous quittera fatalement un jour. Nous avions déjà vu auparavant cette teinte rose crème, mais sur des bouts de nez d'une courbure moins noble, sur d'autres chats moins imposants. Comme certains personnages, il a porté des noms différents selon les époques où se sont révélés des traits spécifiques de sa personnalité ; récemment, en raison de sa force morale et de son aptitude à imposer ses jugements silencieux en toute circonstance, il est devenu pour un temps l'Évêque Butchkin.

Le jour où Rufus fit la conquête du fauteuil en cuir, nos deux chats, évitant tout commentaire, se sont sagement tenus à leur place respective, le nez enfoui dans les pattes, prenant bonne note de la nouvelle donne. Charles recherche toujours le dessous d'un radiateur tandis que Butchkin a une préférence pour le sommet d'un haut panier, d'où il peut avoir une vue panoramique sur toute chose. C'est un chat magnifique. Je suis tellement habituée à le voir que je finis par ne plus m'en rendre compte. Par exemple, bien que sachant qu'il était très beau, j'ai sursauté un jour au retour d'une promenade en voyant cet énorme matou fièrement habillé de noir luisant et de neige immaculée, avec ses yeux d'or et ses moustaches blanches. Et j'ai alors pensé que pour que cette beauté naisse et s'épanouisse, il avait suffi d'un matériau ordinaire, banal – une bonne nourriture et des soins attentifs. Le chat qui n'a pas été castré et qui, au temps des amours, brave vents et tempêtes pour aller brailler à tous les carrefours et voler dans les poils de ses rivaux, ne peut présenter le même aspect. Il sera plus petit, plus élancé, si ce n'est efflanqué, et, bien souvent, couturé de cicatrices. Non, cela ne m'a pas fait plaisir de faire castrer mes protégés, loin de là.

Mais il n'est pas question ici d'El Magnifico, le nom qui finalement sied le mieux à Butchkin.

Quand il eut estimé qu'il pourrait échapper à notre vigilance, Charles essaya de bloquer Rufus dans un coin et de le menacer. Mais il n'avait jamais eu l'occasion de se bagarrer ni d'entrer en concurrence, et Rufus, lui, connaissait cela par cœur. Il avait même pratiqué ce sport toute sa vie. En revanche, il était si malingre qu'il aurait été facilement aplati d'un simple coup de patte bien senti. Alors il recula et se défendit, comme il avait si durement appris à le faire, en lançant des éclairs et en adoptant la posture de l'indomptable. Ainsi, il ne resta aucun doute dans l'esprit de Charles sur ce qui risquait de lui arriver s'il s'approchait de trop près. Quant à El Magnifico, il préféra rester en dehors du conflit.

Pendant ces premières semaines, tandis qu'il reprenait des forces peu à peu, Rufus n'a jamais quitté la maison sauf pour se rendre dans sa litière, sur le balcon, où il faisait ses besoins sans nous lâcher du regard. Il continuait alors de surveiller la porte craignant de perdre le refuge chèrement acquis.

L'hiver tirait lentement à sa fin. Rufus se couchait sur le fauteuil et ronronnait chaque fois qu'il y pensait, et il nous regardait, ainsi que les deux autres chats, qui, eux non plus, ne le quittaient pas des yeux. Jusqu'au jour où il s'est décidé à changer de place. Nous savions maintenant qu'il ne faisait rien sans une très bonne raison, qu'il réfléchissait avant d'agir. Le patron ici, c'était Butchkin El Magnifico. Il était né dans cette maison, d'une portée de six petits. Étant l'aîné, il avait élevé ses frères et sœurs autant que l'avait fait sa mère – ce n'était pas une mauvaise chatte, mais elle était épuisée. La question ne s'est donc jamais posée de savoir qui était le chaton dominant de la portée. Or voilà que Rufus s'était mis en tête de briguer, ici, chez nous, la position de chef. Non pas par la force, mais en usant de son statut de malade qui a besoin d'attention. Chaque soir, le Général El Magnifico Butchkin venait se vautrer un moment près de moi sur le divan, afin de manifester ses prérogatives de chef, avant d'aller rejoindre sa place favorite en haut du panier. Ce câlin à mon côté était la meilleure place, en tout cas d'après l'échelle de valeurs de Butchkin. Charles, par exemple, n'y avait pas droit. Mais, de même que Rufus s'était avancé jusqu'à la porte de la cuisine et s'était retourné pour nous demander si nous le laisserions entrer dans la maison, puis présenté à la porte du salon en nous interrogeant de ses prunelles, voilà que cette fois il avait sauté du fauteuil pour me rejoindre là où j'étais assise. Il a d'abord tendu et posé ses pattes avant sur le rebord du divan ; ensuite, avec difficulté, son arrière-train a suivi. Il s'est installé à côté de moi, a regardé Butchkin, puis tous les membres de la famille ; Charles n'a eu droit qu'à un coup d'œil rapide et indifférent. Je ne l'ai pas fait redescendre. Je n'aurais pas pu. Seul Butchkin garda les yeux fixés sur lui puis, lentement (et magnifiquement, je dois dire), se mit à bâiller. J'avais le sentiment intime que c'était à lui de renvoyer Rufus à sa place, mais il n'en fit rien et se contenta de l'observer. Attendait-il un geste de ma part ? Rufus s'est donc couché, avec précaution à cause de ses rhumatismes, et mis à ronronner. Tous les gens qui vivent avec des animaux connaissent ces moments où l'on donnerait cher pour pouvoir parler avec eux. C'était bien le cas. Ce Rufus, que lui était-il arrivé, comment avait-il appris à planifier et à calculer avec autant de subtilité, comment était-il devenu un tel chat pensant, un tel stratège ? D'accord, il était né intelligent, mais Butchkin aussi, sans parler de Charles. (Et tout le monde s'accorde sur le fait qu'il existe des chats stupides.) C'est entendu, il était né doté de telle et telle qualités naturelles. Mais je n'ai jamais rencontré de chat possédant autant que lui une telle capacité de réflexion et de décision sur l'opportunité d'une attitude.

Allongé près de moi, ayant conquis la meilleure place du salon, quelques semaines seulement après avoir connu l'existence d'un paria, il ronronnait.

— Chut, Rufus, on ne s'entend plus penser.

Mais nous n'avions pas de langage en commun, et nous n'avons pu lui expliquer que, s'il s'arrêtait un peu de ronronner comme cela, même pour dire merci, nous ne le mettrions pas pour autant à la porte.

Quand nous lui faisions avaler ses pilules, c'est à peine s'il émettait un petit grognement de protestation. Il est probable qu'il a pris cela comme le prix à payer pour rester en pension chez nous. Parfois, quand nous lui nettoyions l'oreille et que cela lui faisait un peu mal, il râlait, mais pas contre nous. C'étaient des injures à la cantonade, lancées par quelqu'un qui a eu longtemps l'habitude d'en user. Après quoi, il nous léchait les mains afin de nous montrer qu'il ne nous en voulait pas, et son moteur repartait de plus belle. Quand nous le caressions, il nous offrait en retour cette marque de reconnaissance qui résonnait comme une vieille porte rouillée.

Pendant ce temps-là, Butchkin El Magnifico ne perdait pas une miette de la situation et réfléchissait. Son caractère dépendrait en grande partie de la position que Rufus allait occuper parmi nous. De toute façon, il est trop fier pour se lancer dans la compétition. Par exemple, s'il se trouve en grande conversation privée avec moi tout en haut de la maison et que

Charles surgit, il préfère quitter le lit ou la chaise et redescendre. Non seulement il ne peut tolérer la concurrence, parfaitement indigne de lui, mais il déteste que l'attention ne soit pas centrée sur lui. En le pouponnant ou en le caressant, je n'ai pas intérêt à avoir la tête ailleurs. Pas question de le tripoter tout en lisant ! Dès qu'il sent mes pensées vagabonder et ne plus s'attacher à sa petite personne, il saute par terre et s'en va. Mais il ne m'en tient pas rigueur. Quand Charles l'ennuie ou le taquine, il lui donne une claque, puis le lèche pour se faire pardonner. Noblesse oblige.

Un tel caractère n'est donc pas disposé à lutter pour avoir la première place.

Un jour, j'étais au milieu de la pièce et je m'adressais à Butchkin, installé au sommet du panier, lorsque Rufus a sauté du divan, est venu se poster juste devant mes jambes et a toisé Butchkin du regard comme pour lui dire : « Elle me préfère, sais-tu ? » Le message était évident, lent et délibéré, sans émotion, provocation ou impulsivité, toutes qualités que Charles possédait, lui, et ô combien ! Rufus avait planifié tout cela avec calme et réflexion. Il avait décidé de mettre un point final à la compétition et d'être le chef, mon préféré, Butchkin ne venant qu'en second. Mais je n'étais pas tout à fait de cet avis. Je lui ai montré le divan et il m'a regardée d'un air qui, s'il avait été humain, aurait signifié : « Bon, d'accord, mais ça valait quand même la peine d'essayer. » Et il est retourné à sa place.

Butchkin, qui ne pouvait pas ne pas avoir remarqué ma prise de position en sa faveur, s'est contenté de descendre de son perchoir et de venir se frotter contre mes jambes avant d'y remonter.

Rufus avait tenté un coup d'État pour prendre la première place et il avait échoué.

Il n'avait pas mis une patte dehors depuis des mois et je le voyais à présent se livrer à des tentatives maladroites pour sauter sur le petit toit, d'où il jetait ensuite des regards anxieux vers le balcon, toujours dans la crainte de voir la porte se fermer derrière lui. Puis il fixa le lilas en examinant comment il allait s'y prendre pour descendre. Le printemps était arrivé. Le lilas portait de nouvelles feuilles et ses grappes de fleurs d'un vert blanchâtre sortaient à peine des boutons. Rufus amorça une descente le long des branches, puis remonta assez péniblement sur le balcon. Je l'ai pris dans mes bras et je l'ai porté tout en bas en lui montrant la chatière. Il fut terrifié, interprétant l'engin comme un piège. Je l'ai doucement poussé dedans alors qu'il grognait et se débattait. Je suis sortie après lui, l'ai repris dans mes mains et l'ai poussé cette fois vers l'intérieur de la maison. Il a aussitôt grimpé les escaliers, croyant que je voulais le jeter dehors. J'ai réitéré l'opération les jours suivants, mais il a continué à détester cela. Pourtant, chaque fois, je le complimentais et le caressais afin qu'il comprenne que je ne cherchais pas à me débarrasser de lui.

Cette pensée a dû faire son chemin dans sa petite tête parce que, un jour, il a quitté son nid et descendu lentement l'escalier. Il s'est rendu près de la chatière. Là, il a marqué une pause, sa queue fouettant l'espace pour signifier son indécision, et observé l'objet de son aversion. Non, vraiment, ce truc-là faisait peur et il s'est éloigné. Mais, très vite, il s'est ravisé et est retourné sur ses pas... Le manège s'est répété ainsi plusieurs fois jusqu'à ce qu'il se décide à renifler de plus près le battant de l'objet, qu'il a alors essayé de pousser pour passer à travers. Mais son instinct fut le plus fort et l'obligea à reculer. Pourtant, il n'en démordit pas et les tentatives se succédèrent. Enfin, il parvint à sortir de la maison. Comme quelqu'un qui plonge dans l'eau, il poussa sa tête en avant, et le reste du corps suivit. Il se retrouva dans le jardin plein de senteurs, de bruits printaniers, d'oiseaux gazouillant de bonheur après les rigueurs de l'hiver, et d'enfants en train de jouer. Ce vieux vagabond s'arrêta, humant l'air qui semblait lui insuffler une nouvelle énergie. Une patte levée, il balança la tête pour mieux capter les messages olfactifs – ce que nous appelions, entre nous, ses « odeurgrammes » – qui lui apportaient des nouvelles d'anciens amis, félins et humains, et ravivaient sa mémoire. Il était facile de l'imaginer jeune chat, beau et plein de vie. Il décida de rejoindre, en claudiquant un peu, l'autre extrémité du jardin. Sous les arbres fruitiers, il regarda à droite puis à gauche. Des souvenirs l'assaillaient de toute part. Il passa sous la clôture de droite et se dirigea vers la maison de la vieille dame – c'est du moins ce que nous avons supposé. Il y est resté une bonne heure, puis je l'ai aperçu se frayant un chemin dans les halliers pour repasser la clôture et revenir chez nous. Il a repris l'allée et s'est posté devant la porte, près de la chatière, et m'a regardée. « S'il te plaît, ouvre-moi, c'est assez pour aujourd'hui. » J'ai cédé et lui ai ouvert. Mais le lendemain, il est reparti par la chatière et est revenu de même. Après cela, il n'a plus été nécessaire de lui fournir une caisse pour ses besoins, que ce soit par temps de pluie ou de neige, et même en cas de coup de vent ou de bruit dans le jardin. Seule exception : quand il était malade ou trop faible.

Le plus souvent, il allait se promener vers la droite, mais il lui arrivait quand même de partir à gauche, où il restait plus longtemps. Je le suivais parfois avec des jumelles jusqu'à ce qu'il disparaisse dans les buissons. Quand il revenait de ses escapades, il réclamait toujours aussitôt des caresses et mettait son moteur à ronrons en marche... C'est ainsi que nous nous sommes aperçus que son ronronnement n'était plus désormais le bruit de chaudière assourdissant, insistant et prolongé du début. À présent, il était normal, d'une intensité modérée, comme il convient à un chat qui veut nous assurer qu'il nous a en haute estime et apprécie sa place parmi nous, même s'il n'est pas mirifique et n'a pas obtenu la première place. Désormais il se sentait davantage en sécurité. Pourtant, même à ce stade, il ne revenait jamais de promenade sans se précipiter sur l'un de nous en ronronnant, en nous frôlant les mollets ou en leur donnant des coups de tête, ce qui signifiait qu'il avait envie qu'on lui frotte doucement les oreilles, surtout celle qui avait du mal à guérir.

Ce printemps et cet été-là lui furent bénéfiques. Il allait bien, aussi bien que possible. Il avait confiance en nous, même si un jour, sans faire attention, j'ai saisi un vieux manche à balai qui se trouvait sous l'auvent derrière la maison. J'ai vu aussitôt Rufus sauter sur le toit, dégringoler les branches du lilas et se sauver à l'autre extrémité du jardin, affolé. Quelqu'un, dans le passé, avait dû le battre. Je me suis précipitée à sa recherche et l'ai retrouvé tapi sous un buisson, terrorisé. Je l'ai pris dans mes bras, l'ai ramené, lui ai montré l'objet inoffensif, me suis excusée et l'ai caressé. Et il a compris qu'il avait fait erreur.

Il m'a donné à réfléchir sur les différents types d'intelligence chez le chat. Auparavant, j'avais déjà noté que ces animaux avaient tous un caractère bien défini. Celui-là possédait la mentalité d'un survivant. Charles avait plutôt celle d'un scientifique, curieux de tout, des affaires humaines, des gens qui nous rendaient visite et, plus particulièrement, des gadgets domestiques. Les magnétophones, les platines, la télévision, la radio, tout le fascinait. Je le vois encore se demandant comment une voix humaine pouvait bien sortir d'une boîte. Quand il était petit, il s'amusait à arrêter d'une patte les disques qui tournaient puis, relâchant sa pression, laissait repartir la platine pour à nouveau l'arrêter... Il nous regardait alors et exprimait ses interrogations en miaulant. Depuis qu'il est grand, cela l'amuse moins. Il aime aussi passer derrière le poste de radio pour voir si quelque chose correspond à ce qu'il entend ; pareil pour la télévision, au cas où la suite de l'image se cacherait derrière. Le magnétophone aussi lui crée bien des soucis, et il le renifle, le palpe et miaule : « Qu'est-ce que c'est ? » Il faut préciser que c'est un chat qui s'exprime beaucoup. Il parle en descendant l'escalier, en sortant de la maison, en y rentrant et en remontant à l'étage. Il commente tout ce qui se passe. Quand il arrive du jardin, on peut l'entendre depuis le grenier. « Voilà, ça y est, c'est moi, je suis revenu, crie-t-il, c'est moi, votre Charles adoré, et je suis sûr que je vous ai manqué ! Si vous saviez ce qui m'est arrivé ! Jamais vous ne me croiriez... » Et le voilà qui surgit à l'entrée de la pièce où vous vous trouvez et qui se poste dans l'embrasure, la tête légèrement penchée, attendant que vous manifestiez votre admiration. « Ne suis-je pas le plus beau chat de cette maison ? » demande-t-il, le corps vibrant de la tête au bout de la queue. Le charme même, voilà comment décrire Charles parfaitement.

Quant au Général, disons qu'il dispose plutôt d'une intelligence intuitive. Il sait toujours ce que vous pensez et ce que vous allez faire. Il ne semble guère intéressé par les sciences et techniques. Il ne cherche pas à vous impressionner par ses postures. Il ne parle que lorsqu'il a quelque chose à dire, et seulement quand il se trouve en tête à tête avec vous. « Ah, enfin ! s'exclame-t-il quand les autres chats sont ailleurs. Nous voilà seuls tous les deux ! » Débute alors un duo de mutuelle admiration. Quand je reviens à la maison, il accourt toujours du fin fond du jardin en pleurant : « Ah ! Enfin ! Comme tu m'as manqué ! Comment peux-tu partir si longtemps en me laissant tout seul ? » Il saute alors dans mes bras, me lèche le visage et, incapable de contenir sa joie, tel un chaton exubérant, se livre à une course effrénée à travers toute la maison. Puis il reprend son attitude grave et digne.

C'était le début de l'automne et cela faisait plusieurs mois que Rufus se comportait comme un chat normal et en bonne santé, rendait visite à ses amis des alentours, restait même dehors un jour ou deux. Quand il ne sortait pas, cela voulait dire qu'il était malade : il ne quittait alors pas son nid douillet, l'air triste, les pattes douloureuses, secouant la tête à cause de son oreille abîmée et buvant comme un trou... Retour chez le vétérinaire. Le verdict n'était pas bon, même exécrable. Des douleurs de cet ordre sont mauvais signe. Nouvelle séance d'antibiotiques et de vitamines, en évitant à Rufus de sortir par temps froid et humide. Pendant des mois, il ne tenta même pas de mettre le nez dehors et resta collé au radiateur. Son pelage redevenu terne se couvrit de nœuds épais. Où qu'il se posât, ne serait-ce que quelques minutes, il laissait derrière lui des poignées de poils orange et nous commençâmes à lui voir la peau. Puis, lentement, il reprit des forces.

La malchance voulut qu'un autre chat, pas un des nôtres, ait besoin de soins à cette même période. Il était arrivé chez nous en piteux état, et nous avons dû lui faire subir une importante opération et le garder en convalescence chez nous. Nous étions aux petits soins même si nos deux mâles, qui n'appréciaient pas cette intrusion peu ragoûtante, avaient choisi de se cantonner à l'extérieur. Puis ce fut au tour de Butchkin de tomber malade. Je le voyais soit dans le jardin soit dans le salon, le cou allongé, secoué d'une toux rauque mais discrète, comme s'il voulait conserver quelque dignité propre à sa noblesse. Je l'emmenai lui aussi chez le vétérinaire, qui me rassura. Rien de grave, mais cette toux restait un mystère. Butchkin continua en effet de tousser. Je l'entendais chaque fois que je manipulais un plantoir ou enlevais une mauvaise herbe. Je ne dis pas « mystère » sans raison. Un jour que j'avais particulièrement dorloté ce pauvre Butchkin, m'étais enquise de sa santé, puis l'avais laissé pour rentrer à la maison, je fus tout à coup saisie d'un doute déplaisant. Depuis le grenier, je me mis à l'observer avec les jumelles. Il ne toussait plus, mais était mollement allongé pour profiter des premiers rayons du soleil printanier. Je redescendis dans le jardin et, dès qu'il m'aperçut, il se remit à tousser de plus belle, le cou tendu, secoué de spasmes douloureux. Je retournai sur le balcon et saisis les jumelles : étendu, sa belle fourrure noir et blanc brillant au soleil, Butchkin était en train de bâiller. Heureusement, notre pensionnaire malade a bien récupéré et rejoint son nouveau foyer, nous permettant de retrouver nos repères familiaux avec nos trois chats. Butchkin a alors guéri comme par enchantement ! Nous lui avons aussitôt attribué un nom supplémentaire : pendant un temps, on ne l'appela plus que *sir* Laurence Olivier Butchkin !

Nos animaux profitaient à présent des joies du jardin tout en poursuivant chacun une vie parallèle. Si leurs chemins se croisaient, ils s'ignoraient très poliment.

Un matin d'été, j'aperçus deux chats roux sur le gazon des voisins. L'un d'eux était mon Rufus. On voyait que sa fourrure avait bien repoussé mais était moins fournie qu'avant. Il faisait face à un très jeune mâle d'un roux clair, tel un abricot au soleil. Léger, le pelage gonflé, celui-ci essayait de lancer des petits coups d'une patte habile puis de l'autre sans jamais toucher Rufus, comme si sa cible était un chat imaginaire ou invisible qui se serait trouvé en avant du vrai. On aurait dit qu'il dansait. Tandis qu'il évoluait, hésitait, glissait de côté, retombait et brassait l'air avec agilité, sa robe feu de renardeau scintillait, rendant celle de Rufus bien miteuse en comparaison. Décidément, ils se ressemblaient trop : c'était le rejeton de Rufus, j'en étais sûre, et grâce à lui, je pouvais imaginer comment notre pauvre vieux Rufus avait dû être avant que les méfaits des hommes ne l'aient réduit à ce qu'il était devenu. Ce spectacle dura une bonne demi-heure. Comme souvent chez les mâles, ils se livrèrent à une joute pour la forme, sans réelle intention de blesser l'autre. Le jeune chat a couiné une fois ou deux, mais Rufus a gardé un silence parfait, assis sur son arrière-train. L'inconnu a continué d'esquisser des feintes en jouant de ses pattes rousses et menaçantes, puis il s'est arrêté net et s'est mis en devoir de toiletter ses flancs, comme si tout à coup il se désintéressait de leur affaire. Se rappelant soudain la présence de Rufus et son intention de le provoquer, il s'est redressé, avec style et élégance, telle une figure héraldique sur des armoiries, et a recommencé sa danse. Rufus a conservé la pose, sans batailler mais sans refuser non plus le combat. Le jeune a fini par trouver cela ennuyeux et s'en est allé rejoindre le fond du jardin en caracolant après des ombres, en se roulant dans l'herbe et en poursuivant des insectes. Rufus a attendu qu'il soit parti et a repris de son pas tranquille sa promenade interrompue. Toutefois, ce printemps-là, ce n'était pas vers la droite qu'il se rendait, mais vers la gauche. Il s'y attardait pendant des heures et y passait même la nuit. Il avait fort bien récupéré et c'était la période des amours. En revenant à la maison, il avait faim et soif, ce qui signifiait que ses relations amicales n'étaient pas, en ce moment, du côté des humains. Puis, au cours de ce même printemps, il commença à s'absenter plus longuement, parfois deux jours d'affilée, puis trois. Il devait avoir quelque part, j'en aurais mis ma main à couper, une fiancée.

Cela me fit me remémorer Grisette. Nerveuse et pétulante, elle n'était pas très sympathique avec les autres chats. Avant d'être stérilisée, elle se montrait agressive avec ses congénères, y compris avec ceux qui partageaient son foyer depuis longtemps. Elle ne se faisait aucun ami parmi les siens, seulement parmi les humains. Quand pour la première fois elle fraternisa avec un de ses semblables, ce fut à un âge avancé : elle avait treize ans. Je vivais alors dans un petit appartement tout en haut d'une maison qui ne possédait pas de porte avec chatière, seulement une entrée principale flanquée de quelques marches, qu'elle devait emprunter pour se rendre dans le jardin après avoir contourné le bâtiment. Cela dit, elle pouvait pousser la porte pour entrer, mais pas pour sortir : c'était à moi d'y pourvoir. Elle sympathisa un beau jour avec un vieux chat gris qui grimpait les marches à sa suite, puis attendait devant l'entrée qu'elle l'invite à grimper au premier étage, jusqu'à mon appartement. Là, il patientait encore, jusqu'à ce qu'il soit convié à pénétrer dans ma chambre : en fait, il attendait son invitation, pas la mienne. Elle l'aimait bien. Pour la première fois elle avait le béguin pour un chat qui n'avait pas été un de ses petits. Il avançait alors avec précaution dans la pièce – *sa* pièce, de toute évidence – puis la rejoignait. D'abord, elle sautait sur une chaise pour se protéger et lui tournait le dos : elle n'était pas prête à faire confiance à n'importe qui ! Lui se postait à quelque distance et couinait doucement. Une fois qu'elle avait répondu par un petit miaou rapide et distant – car elle était devenue comme ces vieilles femmes qui ne se rendent même plus compte qu'elles sont querelleuses et grognons –, il s'accroupissait à quelques centimètres d'elle et la fixait. Elle adoptait la même posture. Et ils pouvaient rester ainsi pendant une heure ou deux.

Plus tard, elle commença à se détendre et il m'est arrivé de les retrouver installés tous les deux, cette fois côte à côte, mais sans se toucher. Ils ne conversaient pas, à l'exception de quelques petits couinements sourds de salutation. Ils s'appréciaient et aimaient rester ensemble, voilà tout. Qui était ce matou ? Où vivait-il ? Je n'ai jamais pu le savoir. Il était vieux et manifestement il n'avait pas connu que des jours heureux, car il était plutôt efflanqué quand il était arrivé, et sa fourrure était terne. Mais c'était un vrai matou, un gentleman à moustaches blanches, poli, courtois, n'attendant aucun traitement de faveur ou, plus exactement, pas grand-chose de la vie. Il mangeait un peu dans la gamelle de notre chatte, buvait du lait si on lui en offrait et n'avait pas l'air de mourir de faim. Souvent, quand je rentrais à la maison, il attendait devant l'entrée en miaulant un peu, très doucement et en me regardant, puis m'emboîtait le pas, me suivait dans l'escalier vers notre appartement, miaulait encore un coup et grimpait les dernières marches jusqu'en haut, où se trouvait Grisette, qui l'accueillait avec des miaulements tandis que lui-même émettait quelques trilles pour dire bonjour. Il passa ainsi de longues soirées en sa compagnie. Métamorphosée, ma chatte n'était plus aussi susceptible. Je les voyais souvent blottis l'un contre l'autre comme deux vieilles personnes qui n'ont plus besoin de parler. Jamais je n'ai eu autant le désir de partager un langage commun avec un animal. « Pourquoi ce chat-là ? aurais-je voulu demander à Grisette. Pourquoi celui-là et pas un autre ? Que lui trouves-tu, à ce matou poli, pour qu'il t'ait fait craquer ainsi ? Car, ne me dis pas le contraire, tu as le béguin ! Pourtant, Dieu sait s'il y a de beaux spécimens dans cette maison, mais jamais, de toute ta vie, je ne t'ai vue t'intéresser à l'un d'eux, et voilà qu'à présent… »

Un soir, le chat gris n'est pas revenu. Ni le soir suivant. Grisette l'a attendu. Elle est restée derrière ma porte toute la soirée. Puis elle s'est postée en bas, devant l'entrée. Elle l'a cherché partout dans le jardin, mais il n'a pas reparu. Plus jamais. Grisette n'a plus eu d'autre ami. Un mâle, qui rendait visite au chat des voisins d'en dessous, s'est réfugié chez nous un jour qu'il était malade, quelques semaines avant de mourir, de sorte qu'il a vécu ses derniers moments dans ma chambre – *sa* chambre à elle. Grisette n'a jamais accepté sa présence chez nous. Elle a continué de faire comme si il n'y avait eu qu'elle et moi sous ce toit.

J'ai pensé que Rufus s'était fait une amie un peu dans ce genre et que c'était auprès d'elle qu'il se rendait régulièrement.

Un soir, vers la fin de l'été, il est venu près de moi sur le divan et le matin suivant, je l'ai retrouvé exactement dans la même position. Quand enfin il s'est décidé à bouger, j'ai vu qu'il clopinait en tenant une patte arrière relevée. Le vétérinaire m'a dit qu'il avait été heurté par une voiture : il le voyait à ses griffes, car un chat les étend instinctivement si quelque chose lui roule dessus. Elles étaient en effet broyées et éclatées, et il avait une vilaine fracture au membre postérieur.

Le plâtre montait de la cheville jusqu'en haut de la cuisse. Rufus fut installé dans une pièce tranquille, avec nourriture, eau et litière. Il a paru content de se reposer toute la nuit, mais le lendemain il a voulu sortir. Nous lui avons ouvert la porte et l'avons regardé descendre l'escalier en boitant, marche après marche, jusqu'en bas, où il a gémi et râlé en manœuvrant sa patte plâtrée afin de la glisser à travers la chatière. Puis il s'est éloigné dans l'allée en claudiquant et a grogné encore une fois de douleur en se traînant sous la clôture. Il était reparti voir la voisine. Il resta absent une demi-heure, comme s'il fallait absolument qu'il aille raconter sa mésaventure à quelque chat ou humain. Quand il est revenu, il semblait heureux de retrouver son refuge. Il avait été secoué, choqué, et l'on lisait dans ses yeux qu'il avait mal. Sa fourrure, à laquelle l'été et la bonne chère avaient rendu tout son éclat, paraissait rêche et il ressemblait de nouveau à un vieil animal qui avait toutes les difficultés à se toiletter. Pauvre chose ! Pauvre Calamity Chat ! Il accumulait les surnoms, lui aussi, mais les siens étaient tristes. Malgré cela, il demeurait indomptable. Il entreprit de se débarrasser lui-même de son plâtre... et y parvint ! Retour à la case départ : le vétérinaire lui refit un nouveau carcan dont il ne pourrait pas, cette fois, venir à bout. Ce qui ne l'a pas empêché d'essayer. Et tous les jours, il fallait qu'il reparte. Il descendait l'escalier, se plantait devant la chatière en hésitant, sa patte immobilisée traînant derrière lui, puis passait dans le sas en grommelant parce que, chaque fois, il se cognait douloureusement. Puis je l'observais traversant le jardin en boitillant au milieu des flaques d'eau et des premières feuilles mortes de l'automne. Il devait ensuite s'aplatir comme une galette pour parvenir à se faufiler sous la clôture sans se faire trop mal. Tous les jours, il allait rendre son rapport et revenait, épuisé, pour dormir. Dès son réveil, il s'employait à déchiqueter son plâtre. Là où il avait séjourné, on trouvait un monceau de petits copeaux tout blancs.

La patte guérit en un mois. Elle était raide mais utilisable, et Rufus redevint lui-même, un galant aventurier pour qui nous étions une base de repli. Puis il retomba malade. Pendant deux ans, ce cycle infernal se répéta. Tantôt il allait bien, tantôt ce n'était plus cela : il flanchait et revenait à la maison. En fait, son état général se dégradait progressivement. Son ulcère à l'oreille n'arrivait pas à guérir. Chaque fois qu'il reparaissait de je ne sais où, c'était en criant au secours. Il passait délicatement sa patte sur ses chairs suppurantes, reniflait leur odeur et nous regardait, nous, ses infirmiers, avec désespoir. Il protestait à peine quand on lui lavait l'oreille, car il avait besoin qu'on s'en occupe, et il prenait bien sagement ses médicaments. Quand il se résolut enfin à rester un peu tranquille, il commença à aller mieux. Sous mes mains, je sentais son corps musclé et tendu : c'était finalement, en dépit de toutes ses misères, un matou costaud. Ce ne fut qu'en toute fin de vie, une vie bien trop courte, quand il tomba vraiment malade et eut de la peine à se déplacer, qu'il resta à la maison sans chercher à partir se promener. Il demeurait étendu sur le divan et, quand il ne dormait pas, semblait penser ou rêvasser. Une fois, pendant qu'il sommeillait, je l'ai caressé doucement pour qu'il se réveille et prenne ses médicaments. Il émergea en poussant un trille plein d'amour et de confiance, typique des chats à l'adresse de ceux qu'ils aiment, humains ou semblables. Mais quand il vit que c'était moi il reprit son attitude polie et reconnaissante, et je compris alors que c'était la seule fois où je l'avais entendu émettre ce son si particulier : c'est ainsi que les mamans appellent leurs chatons et que ces derniers les accueillent. Rufus était-il en train de rêver de l'époque où il était lui-même petit ? Ou bien se remémorait-il celui qui l'avait adopté quand il n'était encore qu'un jeune chat, mais qui depuis était parti en l'abandonnant ? J'ai été frappée par ce son ultime, et cela m'a fait mal parce qu'il ne l'avait jamais émis, même quand il ronronnait comme un moteur pour nous montrer sa gratitude. Autrement dit, pendant tout ce temps où il nous avait connus (presque quatre ans), où nous l'avions ressuscité à force de dorlotement, même si son état de santé n'avait pas toujours été au beau fixe, il n'avait en fait jamais vraiment cru qu'il ne risquait plus de perdre ce foyer et avait secrètement continué à se débrouiller seul, au cas où il aurait été de nouveau confronté à l'horreur de la soif et du froid. Son amour et sa confiance en quelqu'un avaient été, jadis, si honteusement trahis qu'il ne pouvait plus se permettre d'aimer aveuglément une seconde fois.

Connaissant les chats et leur vie, tout ce qui reste dans l'âme est un parfum de tristesse très différent de celui que l'on ressent pour les humains : un mélange de peine pour leur fragilité, et de culpabilité pour tout ce que nous leur faisons subir.

LE CHAT DE LA MAISON-BLANCHE

Theodore Roosevelt

Le Président Roosevelt écrivit cette lettre à son fils, Kermit, pour lui raconter les facéties de son petit chat, à qui l'on avait donné le nom de Tom Quartz.

« La Maison-Blanche, le 6 janvier 1903

Mon cher Kermit,

Nous nous sommes sentis bien tristes quand Ted et toi êtes partis, car la maison semblait bien vide et solitaire. Mais notre plus grand réconfort a été de savoir que vous aimiez tous deux l'école et que vous y travailliez bien.

Tom Quartz est le chaton le plus malin que j'aie jamais vu. Comme il fait sans cesse des farces à Jack, j'ai toujours peur que celui-ci ne montre de la mauvaise humeur. L'autre soir, ils se trouvaient tous les deux dans la bibliothèque, Jack dormant affalé devant la cheminée et Tom Quartz gambadant autour de lui comme un petit lutin exultant de joie de vivre – c'est bien ce qu'il est, en vérité. Il faut le voir traverser la pièce à toute allure pour se lancer à l'assaut des rideaux ou jouer avec les glands de l'embrasse.

Puis, tout à coup, il repère Jack et galope pour aller lui sauter dessus. Jack, renfrogné et penaud, préfère alors quitter la place et se réfugier sur le canapé ou sous la table, où Tom Quartz le rejoint aussitôt pour le taquiner. Jack a beau avoir bougé, Tom Quartz est toujours à ses trousses. Alors Jack se lève et se dirige vers la porte, mais le petit Tom, qui se livre à une course effrénée sous le canapé et autour de la table, rattrape le pauvre Jack en un éclair et lui saute encore dessus. Jack fait alors un bond en avant et s'éloigne, le chat à sa suite ; notre Jack ne se montre guère coopératif. Cinq minutes plus tard, Tom Quartz revient avec des allures précieuses.

L'autre soir, le futur porte-parole de la Maison, M. Cannon, un vieux gentleman extrêmement solennel, portant barbiche, et qui n'a pas l'air d'un plaisantin, est venu s'entretenir avec moi. C'est un de mes meilleurs amis et nous nous sommes assis pour discuter de politique en prévision de la prochaine session, et cela jusqu'à environ onze heures. Quand il a pris congé, je l'ai raccompagné jusqu'en haut des escaliers. Il en avait descendu pratiquement la moitié lorsque Tom Quartz a déboulé devant lui, la queue dressée et tout ébouriffée. Il avait épié M. Cannon et, comme il en était arrivé à la conclusion que c'était un camarade de jeu qui s'échappait, il a couru derrière lui et lui a sauté aux mollets comme il le fait avec Archie et Quentin quand il joue à cache-cache. Puis, lâchant sa proie, il a dévalé l'escalier devant M. Cannon, qui l'a regardé, ébahi, mais sans perdre pour autant son calme olympien et sans marquer la moindre surprise… »

SAUVAGE PAYS DE GALLES
(Extrait)

George Borrow

ALORS QUE MA FAMILLE et moi-même prenions le thé au salon, une heure ou deux après être entrés en possession de notre nouveau logement, la porte de la pièce ainsi que celle de l'entrée étant restées ouvertes parce qu'il faisait un temps superbe, un pauvre chat noir entra subrepticement, s'assit sur le tapis à côté de la table, leva les yeux vers nous et miaula de façon pitoyable. Je n'avais jamais vu une créature à l'aspect aussi misérable. Il était horrible à voir, chancelant, n'ayant plus guère que la peau sur les os et affligé, en plus, d'une maladie de peau. Je voudrais rapporter ici l'histoire de ce malheureux avant notre arrivée, que j'ai essayé de reconstituer avec ce que j'ai pu glaner ici et là. Il avait appartenu à un ancien vicaire de Llangollen, qui l'avait abandonné en partant. Son successeur, étant arrivé avec ses propres animaux et considérant que le chat de son prédécesseur n'avait plus à venir au presbytère, l'envoya promener pour qu'il se trouve un foyer ailleurs, ce qui ne fut apparemment pas possible.

Presque tous les gens du canton, comme ceux de Llangollen, étaient des « dissidents », c'est-à-dire n'appartenant pas à l'Église anglicane et, comme la bête avait été à un homme d'Église, non seulement personne ne voulut la recueillir, mais on fit tout pour lui rendre la vie impossible. Quant aux gens qui, eux, se réclamaient effectivement de l'Église anglicane, ils n'en voulaient pas non plus, soit parce qu'ils avaient déjà des chats ou des chiens, soit parce qu'ils n'en voulaient pas du tout, de sorte que l'infortuné n'avait plus nulle part où aller et était persécuté par les neuf dixièmes de la population. Non, vraiment, je ne connais pas de chat qui aura été autant maltraité que celui-ci, et cela uniquement parce qu'on disait qu'il avait été imprégné par la maison de son dernier maître ; en vérité je n'avais jamais ouï dire auparavant que les dissidents, que ce soit dans la région ou à Llangollen même, eussent jamais malmené un chat. Mais celui-là était de l'Église d'Angleterre et c'était suffisant : lancez-lui des pierres, pendez-le, noyez-le ! Voilà les slogans que l'on entendait chez à peu près tout le monde. Dès que les ouvriers de la fabrique de flanelle, tous méthodistes calvinistes, l'apercevaient sur la route depuis les fenêtres de l'usine, ils se précipitaient en troupe avec des bâtons, des pierres ou tout autre objet faisant office d'arme de jet, comme ces boules de crottin de cheval qui traînaient partout sur la route, et le pourchassaient jusque sur le haut du talus et même au-delà de chez les Camlas – nom donné aux habitants d'une petite rue entre notre maison et l'usine, et qui menait de la route à la rivière. Étant eux-mêmes des dissidents, les Camlas, s'ils entendaient du chambardement sur le terrain où donnaient leurs fenêtres, se mettaient à leur tour à hurler et à vociférer contre l'animal ecclésiastique en lui lançant sur la tête ou le corps tous les objets sans valeur qui leur tombaient sous la main. Notre brave logeuse, au demeurant une excellente personne, se transformait elle-même en furie chaque fois qu'elle le surprenait sur son domaine ou entendait dire qu'il s'y trouvait ; elle le pourchassait, souvent aidée par sa fille, Margaret, et par son jeune fils d'environ neuf ans. Toute la famille, que ses membres soient seuls ou à plusieurs, haïssait cette bête et était prête à la tuer, et cela n'avait rien d'étonnant puisque la fille n'était pas seulement dissidente mais en plus maîtresse d'école, et le garçon non seulement un dissident, mais un enfant que l'on destinait au ministère dissident. Où le chat trouvait-il donc de la nourriture, si tant est qu'il en trouvât ? Car même s'il est réputé posséder neuf vies, il ne peut pas vivre sans manger. En tout cas c'était un mystère, tout comme l'endroit où il se terrait, car il devait bien dormir parfois. Un jardinier qui venait de temps à autre travailler chez nous m'a dit qu'au printemps le chat devait manger des jeunes pousses, et la logeuse m'a confié un jour qu'elle pensait qu'il dormait dans la haie qui sépare notre terrain de celui du presbytère, immense. À ce régime-là, il ne faut pas s'étonner si le malheureux, après deux années de cet enfer, était squelettique quand il est arrivé chez nous. Je me rappelle qu'il était également secoué par la toux. Autre mystère : comment était-il arrivé jusqu'ici ? Jamais auparavant il n'était entré dans cette maison, même du temps des occupants précédents. Qu'il ne rende pas visite à cette femme, son ennemie déclarée, on peut le comprendre, mais pourquoi, s'il n'allait pas chez les autres locataires, était-il venu dans notre appartement ? Était-ce son instinct qui l'en avait tenu éloigné et qui, à présent, l'avait conduit jusqu'à nous ? Nous lui avons donné un peu de pain beurré, et un peu de thé avec du lait et du sucre. Il a mangé et bu, puis s'est mis à ronronner. En entrant pour débarrasser la table, la logeuse n'a pas manqué de pousser de hauts cris en le voyant sur son tapis.

— Quelle impudence ! s'exclama-t-elle.

Elle s'avança vers lui, mais, quand nous lui fîmes savoir qu'il n'était pas question de l'embêter, elle le laissa tranquille. En la circonstance, nous avons remarqué avec étonnement que, bien qu'il fût habitué à déguerpir devant cette femme ou en entendant simplement le son de sa voix, il la regardait cette fois droit dans les yeux avec un parfait sang-froid, comme pour lui signifier : « Tu ne me fais plus peur, parce que je sais bien que je suis désormais en sécurité avec mes nouveaux maîtres. » Il est resté avec nous deux heures, puis il est parti. Le matin suivant, il est revenu. Bref, même s'il repartait en expédition chaque soir, il était devenu notre chat, un membre de la famille. Je lui ai donné quelque chose qui l'a guéri de sa dermatose et, grâce à nos soins et à une bonne nourriture, il s'est débarrassé de ses autres misères, et a commencé à reprendre du poids.

Nous avons été d'abord un peu perplexes à l'idée d'avoir un chat ecclésiastique. Il n'était évidemment pas question de le laisser dans le jardin, pour qu'il se retrouve à nouveau à la merci des méthodistes calvinistes de tout le secteur, surtout ceux de l'usine de flanelle. Mais ma femme et ma fille pouvaient difficilement l'emmener avec elles. Enfin, nous avons fait appel à une jeune femme possédant de réels principes religieux, qui venait de se marier et vivait près du ruisseau sur la route menant à la gare. Nous avons lié connaissance en espérant qu'elle se chargerait de l'animal et, dès que nous avons exprimé notre souhait, elle a accepté de bonne grâce. C'est donc chez elle que nous avons laissé notre protégé avec quelque argent pour sa pension. Plus tard, nous avons appris qu'il avait mené chez cette dame une vie enfin paisible et confortable jusqu'à un matin où il a sauté du haut de la cheminée, miaulé un coup et est tombé raide. Ce fut la fin du chat ecclésiastique.

LES CHATS VOLEURS

Jacquie Wines

DU TEMPS OÙ ILS VIVAIENT ICI, Senior et Junior étaient devenus les chats les plus célèbres de toute la rue Nelson. Personne ne savait d'où ils venaient ou à qui ils avaient appartenu, mais en quelques semaines, tous deux étaient parvenus à investir la maison d'Iris et Ken Weston. Iris et Ken préféraient les chiens ; ils en avaient d'ailleurs un, Fred, qui partageait leur vie de famille depuis des années.

Pourtant, quand le misérable chat de couleur gingembre et l'autre, écaille de tortue un peu plus présentable, arrivèrent chez eux et quand, en dépit de toutes leurs démarches, personne ne vint les réclamer, ils n'eurent pas le cœur de les renvoyer dans la rue. À présent, les animaux étaient bien nourris. Iris et Ken leur donnaient non seulement du poulet et du thon, mais aussi tous les restes des repas. Le pauvre Fred ne semblait plus avoir son mot à dire. Les chats ne se gênaient d'ailleurs pas pour lui voler de sa pâtée et, à coups de patte, de griffes et de crachements synchronisés, ils le mirent vite au pas.

Quelques mois après qu'ils se furent installés, Iris

remarqua une paire d'étranges chaussettes dans le panier à linge sale. Ken confirma qu'elles ne lui appartenaient pas et tous deux n'y pensèrent plus jusqu'à ce que, quelques jours plus tard, ils se retrouvent à la tête de deux soutiens-gorge et d'un grand caleçon inconnus d'eux. Le lendemain, Iris tomba sur une chaussure de bébé, une chemise d'homme et un petit nounours, le tout dans la panière. Médusés, ils la renversèrent au milieu de la pelouse et espionnèrent leurs pensionnaires jusqu'à ce qu'ils finissent par surprendre Senior faisant le mur en revenant de chez le voisin avec un mouchoir entre les dents.

Hésitant entre le rire et la crainte, ils décidèrent de rassembler les affaires et de frapper aux portes de toutes les maisons de la rue pour rendre les vêtements à leurs propriétaires respectifs. Ils ne parvinrent pas, pour autant, à dissuader Senior de se livrer à ces razzias et, même si la plupart des voisins avaient surpris son manège, peu d'entre eux réclamaient les biens qu'Iris et Ken retrouvaient régulièrement chez eux. Aussi, une année, le ménage eut-il l'idée d'organier une braderie pour se débarrasser des trophées qui leur restaient sur les bras, l'argent devant servir à offrir un verre, le jour de Noël, aux gens de la rue.

Si Senior avait un faible pour la lingerie, Junior affichait plutôt un penchant pour les denrées alimentaires. Son premier cadeau aux Weston fut une côtelette d'agneau, qu'il déposa dans un chausson de Ken. Peu de temps après, Iris trouva une tranche de jambon fumé sur la couette toute propre. Puis ce fut au tour d'un sandwich à la dinde, d'une carcasse de poulet et d'un saumon entier de prendre la direction de la maison des Weston. À présent, Junior était un superbe chat très gentil, mais ses maîtres ne pouvaient approuver son comportement. Ils tentèrent de lui faire renifler de près chaque « présent » tout en lui donnant une petite fessée puis en lui montrant de la colère chaque fois qu'il rapportait quelque chose. Rien à faire, les cadeaux s'empilaient.

Un dimanche, les Weston s'en allèrent dîner chez des amis trois rues plus loin. Les Clark étaient des amateurs de pêche et Bob Clark leur avait promis une superbe truite pour le dîner. Ils commencèrent par une mousse de crabe et se régalaient à l'avance de la suite promise, lorsqu'un hurlement s'échappa de la cuisine. Le poisson avait disparu ! Les Weston, aussi surpris que leurs amis, se contentèrent poliment d'un repas de sandwichs au jambon et au fromage.

En arrivant chez eux, ils furent accueillis dès l'entrée par une odeur forte. Voilà, il fallait s'y attendre : près du téléphone gisait la fameuse truite. Les Weston éclatèrent de rire et, jusqu'à ce jour, Bob Clark se gratte encore la tête en se demandant où la bestiole a bien pu s'envoler.

Senior passa trois années heureuses à cambrioler toutes les maisons de la rue Nelson avant d'avoir des problèmes rénaux. Le vétérinaire découvrit en outre que son estomac contenait de la laine en quantité impressionnante. Junior disparut au bout d'un an de chapardages intensifs, et de façon aussi soudaine qu'il avait eu lui-même l'habitude de subtiliser les plats dans les cuisines des environs. On apprit plus tard qu'il s'était introduit dans le poulailler d'un voisin et que celui-ci lui avait tiré dessus avec un fusil à air comprimé. Junior en avait réchappé, sans emporter de poulet, mais jamais plus on ne le revit dans la rue Nelson.

MINNA MINNA MOWBRAY

Michael Joseph

PARMI TOUS MES CHATS, passés et présents, Minna Minna Mowbray avait une personnalité hors du commun. Sauf pour les connaisseurs, Minna n'était pas dotée d'un physique étourdissant. C'était une écaille de tortue à poil court avec de jolis pieds blancs, histoire d'équilibrer sa pétillante frimousse. Elle avait une tête petite mais bien dessinée. Ses oreilles plutôt larges étaient grises. Des rayures de poils roux descendaient entre ses yeux ambre et ornaient chaque côté de son délicat menton, donnant à son museau blanc un cadre comparable à une carapace de forme régulière. Quand elle ouvrait la gueule, on apercevait comme un éclair de corail rose. Sa dentition était blanche et solide. Son ventre que, bébé, elle avait d'un blanc immaculé et éblouissant, restait d'une propreté presque toujours impeccable, même au milieu de la suie et du charbon de Londres. Chez nous, on appelait cette partie d'elle-même son « hermine ». Quand elle était d'humeur particulièrement sociable, certains membres privilégiés de la maison avaient l'autorisation, parfois accompagnée de vifs encouragements, de la caresser doucement à cet endroit.

Minna était d'un petit gabarit, mais merveilleusement proportionnée. Tous ses mouvements étaient gracieux. Elle aimait se tenir sur son séant, ses pieds bien ramassés et sa longue queue si joliment fournie enroulée autour d'eux. Pour dormir, sa position favorite était accroupie, les deux hanches saillantes et la tête reposant sur ses pattes de devant, qu'elle transformait en oreiller en les tournant vers son cœur. Parfois, elle préférait se coucher sur le flanc, les pattes langoureusement allongées dans toutes les directions. Parmi cette variété d'attitudes, j'ai appris à distinguer celles qui exprimaient la méditation (la plus courante), l'extase ou la fierté (quand ses chatons étaient près d'elle), l'indignation majestueuse (avec coup de fouet de la queue), l'interrogation (quand elle voulait savoir ce que je mangeais) – au début, c'était de la curiosité, car le plus souvent elle refusait, après l'avoir reniflé, le morceau que je lui proposais – et enfin le « s'il-te-plaît-laisse-moi-tranquille ». Cette dernière attitude était marquée par une volte-face hautaine de la tête ; si cela ne suffisait pas, elle me tournait carrément le dos, et, si cela n'avait toujours pas l'effet escompté, elle s'éloignait telle une douairière offensée.

Comme sa mère, Lady Dudley, elle n'avait pas de voix, ses cordes vocales étant partiellement paralysées. Assez curieusement – car ce type de défaut physique n'est en principe pas héréditaire –, ses chatons ont rarement crié, sauf quand ils étaient nouveau-nés. Minna ouvrait la gueule quand, par exemple, elle voulait qu'on la laisse entrer, mais aucun son n'en sortait. Quand elle désirait vraiment quelque chose, elle émettait un faible couinement, que l'on ne pouvait capter qu'en étant très attentif. Elle pouvait, en revanche, ronronner bruyamment, mais cela ne lui arrivait pas souvent. Elle parvenait également à bougonner, de façon délicate mais déterminée, encore qu'elle réservât cette performance à des occasions particulières.

Minna Minna Mowbray était très gentille. Elle n'a jamais essayé de griffer qui que ce soit. Les bébés et les petits enfants pouvaient faire d'elle ce qu'ils voulaient. Comme tous les chats qui se respectent, elle détestait qu'on la manipule en tout sens, sans pour autant chercher à imposer des représailles. Et quand on lui tirait la queue ou ses longues moustaches sensitives, elle manifestait son déplaisir en réclamant silencieusement qu'on la laisse partir.

Contrairement aux conseils des experts, Minna portait un collier – un élégant collier vert avec une médaille d'identification et deux petites clochettes en laiton. Je m'étais laissé dire que ces accessoires étaient dangereux parce qu'ils pouvaient se prendre dans les piques des clôtures ou les branches des arbres, mais d'après mon expérience, ce risque est négligeable si le chat est habitué tout jeune à en porter. En revanche, il se peut qu'un animal adulte ait du mal à s'habituer à cette nouvelle contrainte et il pourra effectivement se blesser en essayant de s'en débarrasser. Pourtant, je n'ai jamais entendu parler d'un cas de ce genre.

Minna était fière de cet ornement et aimait le porter. Et elle savait utiliser à bon escient ses clochettes quand, par exemple, elle voulait qu'on la laisse entrer : il lui suffisait alors de secouer la tête derrière la porte pour se faire entendre. Jamais elle ne s'est inquiétée d'arriver en retard au petit déjeuner, persuadée qu'au premier tintement, on lui ouvrirait la porte de la salle à manger. Parfois, je la faisais patienter un peu, pour le simple plaisir d'écouter ce son résonner de façon répétitive et impérieuse. Et, après avoir dû ainsi attendre, elle faisait son entrée avec un air de majesté offensée. En réalité, c'était l'habitude, et non la faim, qui l'amenait régulièrement sur ce lieu à ce moment-là car je ne compte pas le nombre de fois où elle détourna son nez, son aristocratique petit nez, du poisson ou du lait que nous lui offrions alors.

Elle apprit aussi à rassembler ses chatons au son de ses clochettes. Quand ils partaient en exploration dans la maison ou le jardin et échappaient à sa surveillance, elle les rappelait à coups de carillon. En principe, ils obéissaient promptement, et si ce n'était pas le cas, elle activait ses sonnailles jusqu'à ce que tout son petit monde soit rentré au bercail.

Minna pouvait aussi faire taire ses clochettes. Lorsqu'elle pourchassait un oiseau, comme par hasard, on n'entendait plus rien. Quelle perte de temps que d'affubler ainsi un chat dans l'espoir qu'il renoncera à chasser : ce n'est pas cela qui lui ôtera ses instincts naturels !

À cette époque, la véritable propriétaire de la maison était Minna. Elle arpentait les lieux tel un seigneur son domaine. Si elle en était fière, elle se réservait pourtant le droit d'émettre quelques critiques. La nurserie et la cuisine étaient ses endroits favoris. La salle à manger et ce que ma famille voulait à tout prix nommer le « bureau » avaient souvent l'honneur de sa visite. Ses apparitions dans les autres pièces, en revanche, étaient plus rares, à l'exception de ma chambre en hiver, quand elle pouvait obtenir de moi, avant l'extinction des feux, un peu de lait chaud.

Quand elle était petite, elle s'amusait comme une folle dans la salle de bains. Elle avait découvert que c'était un endroit magique, fascinant et délicieusement dangereux à cause de cet étrange engin souvent rempli d'eau. Quand elle n'était encore qu'un chaton, elle adorait faire de l'équilibre sur le rebord de la baignoire pleine et s'amusait à tourner à chaque angle, au risque d'effectuer un plongeon. L'eau courante la fascinait et elle pouvait rester des heures à donner des coups de patte au jet en causant une quantité d'éclaboussures. Sa mère, comme certains de ses propres chatons, manifestait déjà cette passion pour l'eau, et mon siamois préféré, Charles, en faisait autant. Micky Jos, l'un des plus malins parmi les petits de Minna, aimait tellement cela qu'il ressortait trempé jusqu'aux os. Mais, après avoir grandi et endossé ses responsabilités de matrone, Minna ne se livra plus que rarement à ce jeu. Cela aurait froissé sa dignité.

Un autre amusement de jeunesse, désormais abandonné fut le piano. Bébé, elle lui portait un grand intérêt. Dès qu'il était ouvert, elle sautait sur le clavier. Une série d'accords discordants marquait ses promenades depuis les notes graves jusqu'aux aiguës, et retour. Elle éprouvait une préférence marquée pour les premières, sans doute parce que le volume du son ou les fortes vibrations qu'elles engendraient la chatouillaient. Puis, en grandissant, elle se lassa du piano et n'y fit plus attention.

Minna avait une étrange aversion pour le sifflement. Si j'essayais de siffler (ce qui n'est pas précisément une de mes spécialités), elle manifestait aussitôt une vive agitation et essayait de me faire taire en posant sa petite patte sur mes lèvres. Aussi longtemps que je persévérais, elle se comportait comme un ténor donnant un récital tandis que l'on joue de l'harmonica derrière son dos. Je ne m'autorisais pas trop souvent à irriter sa susceptibilité artistique mais, quand cela m'arrivait, elle se montrait extrêmement nerveuse.

Les fleurs exerçaient une curieuse attraction sur elle. Elle ne pouvait s'empêcher de les grignoter, surtout celles de printemps. Si on ne se méfiait pas, elle cassait jonquilles et tulipes, sur lesquelles, une fois au sol, elle prenait plaisir à se rouler pour jouir, esthétiquement, de leur parfum. Cela ne correspondait pas à un quelconque besoin de manger de la verdure, ce que les chats font régulièrement quand ils le peuvent, car elle avait de l'herbe à sa disposition : non, son goût pour les fleurs n'avait pas d'objectif utilitaire.

S'il y avait une chose qu'elle détestait par-dessus tout c'étaient les préparatifs de voyage. Dès que les valises étaient sorties, elle accourait aussitôt en pleurnichant. Elle devenait de plus en plus inquiète à mesure que les bagages se remplissaient. Elle assistait à ce remue-ménage avec toute la tristesse du monde tandis que l'on vidait placards et tiroirs. De temps à autre, elle tentait de s'interposer, le regard plein de reproches, dans l'espoir de nous arrêter dans notre élan. Même un petit sac succinctement rempli pour un simple week-end la rendait malheureuse. Quant au déménagement total que nous avons effectué au cours d'un été, ce fut pour elle une terrible épreuve. Je me souviens d'une fois où, tandis que nous époussetions boîtes et caisses en prévision des vacances annuelles, Minna, secouant ses clochettes en signe de protestation, dévala l'escalier puis revint quelques minutes plus tard en compagnie de Peter, notre terrier à poil dur, et tous deux se plantèrent au milieu des valises pour assister, la mine lugubre, aux préparatifs de départ.

Minna, comme la plupart de ses congénères, détestait voyager. Elle disposait d'un panier spacieux (que les gens appelaient souvent, et cela m'a toujours agacé, une panière à chien), dans lequel elle entrait à contrecœur. La pauvre chérie, elle savait ce qui l'attendait. En dépit du confort de cet objet, elle était toujours horriblement blackboulée dans le taxi et terrorisée par le bruit de la circulation automobile. Cette ignominie qui consiste à attendre sur le quai d'une gare était déjà suffisante en soi, mais le pire restait à venir. Le train était pour elle le summum de l'épouvante.

Lorsqu'elle était à sa place avec moi dans le wagon, la sensation d'être coincé dans une boîte qui n'arrête pas de bouger commençait, moi aussi, à m'oppresser. Alors, vous pensez bien que pour une créature plus sensible, elle en l'occurrence, le tangage et les secousses du petit compartiment qui nous emmenait à toute allure et dans le plus grand mystère vers une destination inconnue devait être une torture. C'était dans ces moments-là que je comprenais à quel point ces trajets étaient inconfortables, même dans les trains les plus modernes. Pauvre Minna ! Elle émergeait timidement de son panier, bien contente que je la délivre un moment, mais terrifiée par cet environnement inconnu. Malgré sa peur, elle grimpait sur moi, poussée par la curiosité, pour découvrir le paysage qui défilait. Mais en général, un bref coup d'œil lui suffisait et elle redescendait par terre, où elle se couchait en haletant, sa petite langue pendant en signe de détresse.

Une seule fois, je m'en souviens, Minna a voyagé en train sans stress – et ce n'était pas seulement en apparence. Cette fois-là, elle était une fière maman de cinq chatons que nous emmenions également avec nous. Le caissier écarquilla des yeux quand je lui dis que je transportais six chats avec moi. Quand j'ajoutai que c'étaient des bébés et demandai s'il y avait des tarifs réduits selon l'âge ou le nombre, ou même les deux, il eut un rictus entendu. J'étais dingue, cela se voyait. Il me donna un ticket et reçut ma demi-couronne avec tolérance et compassion. J'ai filé avec mon panier à chats avant qu'il change d'avis.

Minna, de toute évidence décidée à maîtriser sa peur pour épargner ses petits, avait remarquablement réussi à se contrôler. Elle se plia de bonne grâce au rituel de l'emprisonnement dans le panier et ne cracha pas sa colère quand je montai dans le taxi et la posai sur le plancher du véhicule. Tant que le train a foncé vers le sud, elle n'a manifesté aucune agitation. Elle ne s'est autorisé un peu de sa nervosité habituelle que lorsque je l'ai fait sortir de son panier en y laissant les autres occupants. Installée sur le siège à côté de moi, elle jetait des coups d'œil furtifs par la vitre du wagon en m'envoyant de petits appels silencieux ; sa patte me suppliait de faire arrêter une bonne fois pour toutes ce mystérieux et horrible train. Mais elle gardait dans le même temps une oreille pointée vers le panier posé par terre, et au moindre son qui en sortait, y retournait pour réconforter ses bébés de son doux ronronnement maternel.

Minna a toujours été une mère exemplaire. Mais tous les chats sont différents. J'ai déjà parlé de Meestah, un des premiers petits de Lady Dudley, par conséquent une demi-sœur de Minna. Elle était pire que négligente. Son nom, d'origine arabe, signifiait

« se cacher », car elle avait l'étrange habitude de se dissimuler dans les endroits le plus insolites.

Elle mit tant de temps à avoir des petits que nous avons cru qu'elle ne connaîtrait jamais le destin d'une chatte normale, mais un jour la famille s'agrandit de deux magnifiques chatons. Pourtant Meestah était amère. Elle ne voulait rien savoir d'eux. Et toutes nos cajoleries n'eurent aucun effet. Heureusement, à cette époque, nous avions quatorze chats, parmi lesquels environ neuf femelles. Le cas des chatons aurait pu devenir un problème, mais par chance, nous avions une autre portée dans la maison et, comme cette dernière était assez réduite, il nous a été facile d'y ajouter ces deux-là. L'opération se déroula avec l'approbation des deux mamans. Meestah était manifestement soulagée. Ce fut sa seule expérience maternelle. Comme Minna l'aurait désapprouvée !

Elle adorait avoir des petits. Un ami un peu cynique nous fit remarquer un jour que c'était son travail dans la vie. Il faut dire que tous ses chatons étaient absolument magnifiques et jamais ordinaires : écaille de tortue, roux, noir et blanc, parfois même noirs tachetés bronze, et toutes sortes de robes différentes que je suis bien en peine de pouvoir décrire. Il y en avait parfois avec de longs poils, mais la plupart du temps ils avaient le pelage court et soyeux de leur mère. Même si l'on peut m'accuser de partialité, j'ajouterai que les petits de Minna suscitaient toujours l'admiration, même chez des gens habituellement indifférents aux chats.

Leur réputation prit de l'ampleur. En grandissant, ils devenaient des bêtes magnifiques, que toutes les maisons du canton s'arrachaient. Comme mon travail me mettait en contact avec de nombreux auteurs, beaucoup parmi nos chatons devinrent des chats d'écrivain. D'autres intégrèrent des familles plus modestes. Notre laitier était un de nos clients réguliers. Il n'avait pas eu beaucoup de chance avec ses chatons, alors nous les lui avions remplacés avec plaisir. Le poissonnier en a réclamé un qui le fascinait. Le roux tigré qui fut adopté par la femme du maraîcher reçut tellement d'affection que je suis persuadé qu'il ne briguerait pour rien au monde les avantages dont ses frères et sœurs pouvaient parfois bénéficier dans leurs foyers respectifs.

Nous-mêmes avons à plusieurs reprises décidé de garder certains petits particulièrement mignons. Ce fut le cas de Dinah, tout en laine, tendre et jolie comme un cœur, que nous avons ramenée de la campagne quand nous nous sommes installés à Regent's Park. Je l'adorais. Chaque fois que Minna partait en expédition – et cela lui arrivait souvent –, Dinah cherchait à grimper sur mes genoux pour faire une bonne sieste en ronronnant et en baignant dans la félicité. Elle était aussi affectueuse qu'elle était belle à voir.

Peu de temps après notre arrivée à Londres, nous la perdîmes. S'ensuivirent, comme il se doit, des recherches frénétiques, sans résultat. Les qualités de Dinah s'étaient développées au fur et à mesure qu'elle avait grandi et, quand il nous fallut accepter l'idée qu'il n'y avait plus d'espoir de la retrouver, cette perte me parut irréparable. Je ne peux d'ailleurs écrire sur ma Dinah perdue dans ce style désinvolte qu'au regard de ce qui est arrivé par la suite.

Un samedi matin, quelques semaines après le drame, l'un d'entre nous, penché à la fenêtre, s'écria :

— Mais n'est-ce pas Dinah ?

Je dois expliquer au lecteur que le côté cour de notre maison donnait sur l'arrière d'un ensemble d'habitations en arc de cercle possédant chacune un petit jardin tout en longueur. Dans l'un d'eux se trouvaient des arbres et, sur une branche basse, un chat. Et qui ressemblait beaucoup à Dinah.

Je me ruai en bas et, grimpant par-dessus le mur, m'approchai assez pour pouvoir identifier l'animal. Il m'a regardé m'avancer et, quand j'ai dit son nom, m'a fixé avec grand intérêt. Je remarquai avec soulagement que, de toute évidence, il était bien nourri et soigné. Si c'était ma Dinah et si elle m'avait reconnu, en tout cas elle n'en a rien laissé paraître. En manquant cent fois de perdre l'équilibre, je tentai de l'amadouer pour qu'elle descende. Mais elle détourna la tête. Aussi, de rage, ai-je quitté les lieux avec le vain espoir qu'elle me suivrait.

Puis il me vint une idée. Dinah devait avoir transféré son affection sur une autre personne, mais qu'en était-il de sa maman chat ? Je fonçai à la maison, attrapai Minna et retournai près du mur du jardin. Pour atteindre le fameux arbre, il me fallut enjamber plusieurs clôtures, érigées au moyen de treillis, de grillage et autres matériaux. Avec Minna dans les bras, qui essayait de me fausser compagnie, il ne me fut guère aisé de négocier cette série d'obstacles. Je ne compte pas les bleus aux mains, les égratignures au visage, mon pantalon déchiré sur un clou, mais je m'en suis tiré sain et sauf. J'étais convaincu que Dinah accourrait dès qu'elle apercevrait Minna et que celle-ci serait ravie de revoir son enfant perdu.

Je tenais Minna à bout de bras en essayant de ne pas dégringoler afin que la mère et la fille puissent se voir nez à nez. Dinah nous toisa de son perchoir avec étonnement, comme si le monde était une chose des plus étranges, avec ces humains qui n'arrêtent pas de brandir des chats et de faire des acrobaties insensées sur la crête des murs des jardins. Ses yeux innocents considérèrent Minna avec une expression qui disait clairement : « Je ne vous connais pas, madame, et ne tiens pas à vous connaître. » Minna, de son côté, reconnut son rejeton immédiatement. Était-elle ravie ? A-t-elle seulement émis sa fameuse petite mélodie, mi-ronronnement, mi-couinement, avec laquelle elle battait le rappel de ses chatons ? Eh bien, pas du tout. Elle m'assena un vilain coup de patte et commença à feuler. Même si de son gosier ne sortait aucune note, excepté un souffle rageur, je ne pouvais me méprendre sur la haine féline qui montait en elle, crescendo, à mon adresse, jusqu'à ce que je l'aie ramenée sur le mur et laissée partir. Elle sauta ensuite par terre en donnant de furieux coups de queue.

À ce moment-là, je me suis quand même étonné de cette absence de comportement maternel. Dinah était encore un chaton qui, voilà seulement quelques semaines, était la prunelle des yeux de sa mère. Je trouvais inconcevable qu'elle soit devenue une étrangère en si peu de temps. Je sais que les chats adultes ne reconnaissent pas leurs parents, et vice versa, mais l'attitude de Minna me paraissait contre nature et offensante.

Plus tard, j'ai commencé à avoir quelques soupçons. J'ai songé qu'il y avait quelque chose de bizarre dans toutes ces disparitions de chatons, comme par hasard les préférés : chaque fois que nous essayions d'en garder un pour nous, invariablement nous le perdions avant qu'il ait quelques mois. Les gens qui connaissent et aiment les chats savent quelle détresse une chatte peut éprouver quand on lui enlève un de ses petits, surtout s'il s'agit du dernier survivant d'une portée. Dans notre cas, je trouvais tout à coup très curieux que Minna ne manifestât aucune anxiété lors de ces mystérieuses disparitions. Nous nous sommes creusé la tête et sommes parvenus à la conclusion qu'elle s'en moquait.

Ce fut lorsque Fowey s'évanouit dans la nature que mes soupçons s'étayèrent. Fowey (nom d'un port de Cornouailles) était un petit fripon malicieux, tout rouquin, doté d'yeux d'un bleu porcelaine, d'un ronronnement guttural comme je n'en avais encore jamais entendu, d'un appétit insatiable et de ridicules pattes pelucheuses qui contrastaient de façon amusante avec les beaux petons blancs, délicats et aristocratiques de sa maman. C'était un charmant petit animal intelligent et tout le monde en était fou.

Quand il eut environ trois mois, Minna l'emmena faire de longues promenades avec elle. Un jour, je les ai trouvés dans un champ près de la ligne de chemin de fer, à bonne distance de la maison. Sans aucun doute, ces expéditions étaient une source de plaisirs multiples pour Fowey, qui avait envie de découvrir son environnement. Malgré tout, je ne voyais pas cela d'un très bon œil.

Un beau matin, la mère et le fils quittèrent la maison ensemble, Fowey se livrant à de joyeuses cabrioles à la perspective de retourner explorer un univers inconnu et fascinant. Je les ai regardés s'éloigner, bien que j'eusse aperçu une étincelle étrange dans les prunelles de ma Minna, éclair que je ne peux que qualifier de sinistre. Peut-être n'était-ce qu'un effet de mon imagination, mais cela me suffit pour demander ce soir-là, dès mon retour à la maison, si l'on avait revu Fowey. Mes craintes se confirmèrent : Minna était là, le sourire triomphant, du moins c'est ce que j'ai cru, mais point de Fowey.

Les jours passaient et Fowey ne revenait pas. Nous avons cherché partout en vain. Quand j'interrogeai Minna, elle leva les yeux vers moi avec une expression si faussement innocente qu'elle a dû, j'en suis sûr, comprendre de quoi je voulais parler. À présent que les choses sont claires, voilà comment elles se sont déroulées. Minna a emmené Fowey dans un coin perdu, désert et inconnu, et là elle s'est retournée pour attaquer son rejeton, qui ne s'était douté de rien. Elle lui aurait dit quelque chose de ce genre : « Tiens, jeune Fowey (une tape), mets-toi bien ça dans le crâne (un coup de griffe). Je suis le seul chat qu'ils veuillent dans *leur* maison (une chiquenaude) et je ne suis pas prête (griffure) à te laisser ma place (morsure, griffure, claque). Va-t'en et trouve-toi un foyer de ton côté. (Crachat.) On ne veut pas de toi, c'est compris ? » (Claque, crachat, morsure, griffure et tout l'arsenal.)

Pas étonnant que le pauvre Fowey ait battu en retraite comme tous les autres ! Il réapparut cependant quelques semaines plus tard, dans un des jardins derrière chez nous et je compris qu'il régnait en maître dans la maison correspondante. Il était devenu un chat magnifique avec une robe soyeuse (soigneusement peignée, remarquai-je avec joie) et une grosse queue bien fournie que je pouvais voir s'agiter dans les arbres depuis la salle de bains quand je me rasais. C'était, selon toute apparence, un chat heureux et il s'amusait comme un fou presque toute la journée dans ce jardin. Mais jamais il ne revint faire un tour dans le nôtre.

Minna était donc une experte en stratégie. Je ne me souviens que de deux circonstances où elle perdit la partie, et encore je me demande si elle ne l'a pas fait exprès. La première fois, ce fut la petite bagarre autour du panier de Peter.

Peter appartenait à ma femme avant que nous nous connaissions et, incidemment, il arrivait parfois que ce chien me donne le sentiment que j'étais le second mari, celui qui doit supporter d'entendre sa femme vanter les mérites du premier. « Qui est cet intrus ? » semblait demander Peter. Quand nous avons emménagé ensemble, Peter, à cause de l'affolement dans lequel il avait dû faire connaissance avec Minna Minna Mowbray, et des changements que cela allait impliquer dans ses habitudes et sa vision de la vie de famille, oublia où son panier avait été rangé.

Ma femme était très ennuyée. Elle me dit qu'il était tellement intelligent qu'il n'accepterait jamais de dormir autre part que dans son panier. (Cela, c'était avant qu'elle se rende compte du bouleversement que Minna allait instituer.) Du coup, il dut coucher – j'imagine avec quelque difficulté – sur la moquette devant la porte de la chambre. Puis un jour ma femme déclara :

— Ce pauvre Peter ! Pas étonnant qu'il ait l'air si malheureux ! Il n'a plus son panier !

Nous l'avons finalement retrouvé sous une pile de paquets qui avaient été entreposés dans un coin de la nouvelle maison et l'avons cérémonieusement installé devant la porte pour que Peter retrouve son lit. J'aimais l'aspect de cet objet et fis tout haut la réflexion, au grand dam de ma femme, que Minna Minna Mowbray le jugerait à son goût.

Peter remua son bout de queue, sembla comprendre et aboya. Cette nuit-là, il occupa son panier comme prévu. Nous sûmes que quelque chose n'allait pas (du point de vue de Peter) lorsqu'il gratta à la porte le lendemain matin, bien plus tôt que l'heure à laquelle nous nous levions. Il entra avec des airs de chien maltraité, sa queue exprimant son découragement.

Il ne nous fallut pas longtemps pour avoir une explication. Peu de temps après la tisane du soir, Minna Minna Mowbray avait grimpé à l'étage et s'était paresseusement installée dans le panier de Peter. Quand nous avons éteint la radio et sommes montés nous coucher, elle dormait profondément (ou faisait semblant) tandis que Peter, couché dans le couloir, lui jetait à bonne distance des regards sinistres.

C'est ainsi que débuta la guerre du panier. La guerre des Gaules, celle de Cent Ans et la der' des der', autrement dit la mondiale, ce n'était rien à côté. La maison fut aussitôt divisée en deux camps – les « peteristes », avec ma femme à sa tête, et les « minnaïstes », c'est-à-dire moi. La cuisinière était dans tous ses états et la bonne répétait en écho : « Ce pauvre Peter ». Il est vrai que le facteur, quand il eut vent de l'affaire, afficha un petit sourire en coin, plein d'ironie. Il faut aussi dire que Peter et lui étaient des ennemis traditionnels, de sorte que le brave homme avait plus tendance à pencher du côté des minnaïstes que des peteristes.

Qu'un nombre conséquent de voix ait été contre elle n'a pourtant pas dérangé Minna. Sa petite stature était trompeuse. Dans l'action, elle pouvait damer le pion à n'importe qui. C'est pourquoi les tentatives discrètes de Peter pour rentrer en possession de son lit ne valent guère la peine d'être mentionnées. Sauf peut-être le jour où, après une bonne soupe et gonflé du courage qu'ont les ivrognes après une dernière rasade, il entreprit de réinvestir son territoire tandis que Minna ronflait paisiblement sur le coussin – son coussin à lui. Oh, la bataille n'a pas duré bien longtemps. Peter, tout penaud, ne sortit prudemment de la cave à charbon que deux jours plus tard.

Ensuite, des problèmes domestiques plus importants prirent le pas sur cette guerre féodale entre Minna et Peter. Tandis que le reste de la maison discutait d'autres choses, leur différend avait atteint le stade d'une guerre de tranchées, avec Minna cramponnée à sa position et Peter effectuant des incursions à travers le no man's land qui les séparait. En vérité, nous avions fini par considérer ces disputes comme un trait permanent de notre vie domestique.

Pour tout dire, les événements s'étalèrent sur plus de deux ans. L'armistice ne fut enfin signé que lorsque notre fille, Shirley, qui commençait à explorer le monde à quatre pattes, passa la porte de la chambre, attrapa Minna par la peau du cou, l'expulsa du panier et s'installa à sa place.

Peter, qui était présent lors de cette cérémonie de libération, s'esclaffa (du moins je présume) en jappant bruyamment. Minna se retira avec dignité. Elle décida alors d'investir la nurserie comme lieu de repos, tandis que Peter installait ses pénates dans la cuisine. Après cette dernière bataille, le panier reconverti fut occupé pendant un bon bout de temps par un nounours, un canard à musique et un lapin en peluche. La paix régnait à nouveau.

L'autre occasion où Minna dut céder avec le sourire fut l'arrivée de Charles O'Malley, mon chat siamois. J'ai écrit un livre qui lui est consacré, aussi ne m'attarderai-je pas trop sur lui ici. Les lecteurs qui connaissent cet ouvrage comprendront mon sentiment quand je leur dirai que c'était Hamlet sans le prince de Danemark.

Charles O'Malley était mon premier siamois. Minna Minna Mowbray a été furieuse quand je l'ai ramené à la maison et, dès lors, l'a toujours considéré comme un intrus. Il était clair qu'elle ne me pardonnerait jamais d'avoir adopté un autre chat. Quant à Charles, Minna lui a d'abord envoyé force crachats et injures chaque fois qu'il l'approchait. Puis elle a décidé assez vite de le tolérer et, au bout d'une quinzaine de jours, tous deux lapaient ensemble dans la même soucoupe. Charles, du haut de ses dix semaines, était très impressionné par Minna Minna Mowbray. Aucune insulte ou menace ne le dissuadait de poursuivre la queue de la belle. Alors, au bout de quelques semaines, Minna l'autorisa à jouer avec elle.

Charles O'Malley fut élevé de façon aristocratique, et cela se voyait. Avec ses yeux bleu saphir, sa robe crème délicate et ses pointes d'oreilles, ses pieds, sa queue et son « masque » chocolat, c'était une créature superbe.

En dehors de la silhouette et de la robe, il existe bien des différences entre le siamois et les autres chats. Il possède, par exemple, un timbre de voix très particulier. Quand Minna a entendu le cri rauque de Charles pour la première fois, elle a sursauté. Le siamois a aussi une réputation de féroce bagarreur, et il est plus fort que ses congénères ordinaires. En revanche, je ne lui trouve pas beaucoup de grâce quand il marche ou saute. Charles retombe toujours sur ses pattes avec un bruit sourd qui me fait plutôt penser à un chien. Cela dit, le siamois est un animal absolument délicieux : sensible, intelligent et attentif à ce qu'on lui demande. Charles O'Malley (que j'ai adopté en partie, je le confesse, pour embêter Minna, qui me traitait alors d'une façon extrêmement cavalière), était charmant, adorable et, comme les lecteurs de cette histoire l'apprendront, il allait devenir mon préféré.

À ce moment-là, aucun despote ne dirigeait son royaume avec plus d'aplomb et de poigne que Minna Minna Mowbray dans la maison où nous vivions. Mais c'était une tyrannie bienveillante, souvent amusante, jamais méchante, toujours ciblée et précise. Elle croyait de toute évidence au droit divin des chats et exerçait pleinement ses pouvoirs sans pour autant manquer de finesse ou fuir les obligations de son rang.

Pour les non-initiés, ce chapitre pourrait laisser penser que j'étais fou d'elle. Pourtant, je n'étais pas le seul en admiration devant cette reine. Elle menait tout le monde à la baguette, à l'exception de Shirley, qui de temps en temps lui en faisait voir de toutes les couleurs. Mais Minna semblait aimer cela. Shirley avait le privilège de pouvoir la caresser à rebrousse-poil, jouer avec sa queue et la transporter un peu partout dans la chambre en la maintenant dans les positions les plus insensées. J'imagine que Minna y prenait du plaisir. Shirley l'adorait et, si Minna couinait parfois tandis qu'elles jouaient ensemble – ce qui arrivait rarement parce que Shirley avait appris à y aller doucement –, l'une se livrait à un cérémonial de demande de pardon tandis que l'autre l'excusait bien volontiers en faisant des mines et des grâces. C'était merveilleux à observer.

Quand Minna avait des petits, Shirley avait droit à des visites dès que tous les bébés étaient nés. Minna lui permettait de les caresser, sachant que la fillette le ferait avec toute la délicatesse du monde. Dès que les chatons commençaient à gambader, Shirley était dans son élément. La nurserie se transformait en une arène dans laquelle les jeunes tigres se poursuivaient sous les éclats de rire d'une Shirley tout excitée. Minna assistait au spectacle, l'air heureuse.

Comme tous les chats qui bénéficient d'un foyer chaleureux chez des humains, Minna était une créature docile. Mais, quand elle attendait des petits, elle insistait pour disposer d'un coin bien à elle. Elle observait, avec un intérêt de chatte bien élevée, ma femme en train de courir dans tous les sens pour lui préparer un nid douillet, susceptible de l'accueillir ainsi que sa portée. Une grande boîte en carton, du genre qu'elle aimait bien, tapissée de plusieurs couches de journaux, de papier essuie-main et de torchons souples, le tout bien installé au fond d'un de ses placards préférés – juste chaud comme il fallait, assez aéré et dans une pénombre discrète –, voilà ce que nous lui proposions chaque fois que les événements se précipitaient. Pourtant, peu importait qui avait préparé avec amour sa couche, même la plus confortable et la mieux placée qui soit, une chose était sûre : Minna ne l'utiliserait jamais.

Grâce à une tactique éprouvée, elle parvint ainsi à tromper plusieurs générations de cuisinières et de bonnes dotées, pourtant, d'un œil perspicace. En effet, elle avait pour habitude d'inspecter à intervalles réguliers la caisse ou le panier que nous avions préparé avec tant de soin à son intention, et l'essayait chaque fois tout au plus quarante secondes, comme pour indiquer qu'elle était parfaitement satisfaite. La bonne, rayonnante, accourait alors pour nous annoncer la bonne nouvelle :

— Minna est très contente de son nouveau carton.

Mais ces réjouissances prématurées recevaient leur démenti quelque temps après. Minna savait très bien ce qu'elle faisait : l'attention de nos domestiques, constamment à l'affût, étant ainsi attirée vers *un* endroit, Minna pouvait tranquillement aller mettre ses petits au monde... ailleurs.

À cet égard, je crois que la plupart des chats affichent le même type de comportement. Cette façon qu'ils ont de fuir les regards indiscrets dans les moments cruciaux serait-elle un vestige de leur instinct de survie dans la jungle ? Ou simplement un signe d'indépendance, un rejet de notre domination, un défi à l'être humain et à ses manières stupides ? En revanche, Minna, bien qu'extrêmement secrète quant à ses projets, ne faisait plus aucun mystère une fois que sa portée était née. Elle se montrait même anxieuse, au point d'en être envahissante, de nous présenter et de nous faire admirer sa progéniture. En cela, d'ailleurs, je pense qu'elle était un peu différente des autres chattes qui, assez raisonnablement, n'aiment guère être dérangées pendant quelques jours. Elle ne protestait même pas lorsque nous les prenions dans nos mains. Nos compliments semblaient lui aller droit au cœur ; elle ronronnait bruyamment dès que nous manifestions notre admiration devant ses minuscules bébés.

Cela dit, et c'était assez naturel, elle nous signifiait sa mauvaise humeur dès que nous dépassions le temps imparti à cette visite de courtoisie, ou si un étranger venait troubler sa tranquillité. Sans parler de cette calamité si nous avions le malheur de déplacer toute la petite famille ! Si cela devait se produire, dès que la voie était libre, Minna amenait ses petits, un par un, là où elle estimait qu'ils seraient le moins dérangés. Elle était fort capable, au cas où des gens venaient l'ennuyer, d'exprimer son mécontentement de façon radicale en déposant, par exemple, sa progéniture sous la couverture de mon lit. Combien de fois ne suis-je pas rentré le soir pour trouver toute la maison sens dessus dessous parce que Minna et ses chatons avaient disparu ! La plupart du temps, je les découvrais lovés les uns contre les autres au fin fond de mon lit, confortablement endormis sous la chaleur et l'obscurité d'un édredon protecteur.

Minna ne supportait aucune intrusion dans ses affaires privées. Elle avait commencé très tôt à s'intéresser au sexe opposé et tous nos efforts pour l'éduquer afin qu'elle affiche un comportement plus réservé, celui d'une vraie lady, demeurèrent vains. Quand nous fermions la porte, elle sautait par la fenêtre. Et nos tentatives pour lui trouver un mari digne d'elle n'eurent pas plus de succès. J'ignore s'il faut accuser la prétendue attirance des contraires, mais il est un fait (lamentable) : Minna choisissait toujours ses flirts parmi les mâles les moins recommandables du secteur. Tous les matous affreux, borgnes et ayant les oreilles en dentelle semblaient exercer sur elle une irrésistible attirance.

Plus ils étaient laids, plus ils lui apparaissaient séduisants. Je me souviens de l'avoir vue folle de passion pour un vieux débauché boiteux avec la queue en zigzag, des oreilles à claire-voie et l'œil gauche fermé. La première fois qu'elle le vit, elle se pâma d'une façon tellement éhontée que j'ai du mal à la décrire. Au point qu'en pareilles occasions j'avais l'habitude de dire que cette chatte n'était pas à moi.

Quand nous vivions dans le Surrey, nous avions fait de notre mieux pour lui inculquer des manières plus élégantes. Peine perdue. Quelques jours après notre arrivée, la nouvelle s'était répandue de façon assez mystérieuse qu'une nouvelle demoiselle, avenante et peu farouche, venait d'emménager dans le pays et qu'elle affichait une préférence marquée pour les gaillards possédant une solide expérience amoureuse. D'une manière ou d'une autre, Minna s'était arrangée pour faire savoir à tous les chats du Surrey (et d'une bonne partie du Sussex, je le crains malheureusement) qu'elle aimait choisir ses fiancés parmi les vétérans et les mâles d'âge mûr. Jeunots s'abstenir.

C'est du moins ce que nous avons découvert, avec l'humiliation que cela impliquait pour nous, lorsque nous l'avons présentée à un jeune mâle roux vivant chez nos voisins. Dès que nous l'avons aperçu, nous avons décrété que ce serait un mari parfait pour Minna. Il était d'une beauté incroyable, jeune, en pleine forme, bref, selon nous, le prétendant idéal. Mais ce ne fut pas l'avis de Minna. Elle lui a aussitôt et sans vergogne assené une claque. Notre candidat nous a lâchement laissés tomber en s'enfuyant à toute allure. Après cet épisode, Minna effectua ses choix elle-même.

À regarder Minna Minna Mowbray installée sur le bras de mon fauteuil, avec ses petits pieds blancs modestement rassemblés, on n'imaginerait jamais qu'elle soit accro de la canaille féline alors qu'au quotidien elle fait des manières à un point absurde. Madame refuse de boire dans une tasse qui ne lui paraît pas d'une propreté absolue ; Madame se livre à des toilettes qui durent des heures, comme si chaque poil de sa robe devait retrouver la place qui lui est individuellement destinée ; Madame ne veut boire son lait que s'il est à bonne température ; Madame refuse de se laisser tripoter, où que ce soit sur son anatomie, parce que ce n'est pas le moment, et mes caresses, si douces soient-elles, la dérangent. Pourtant, dix minutes après, vous pouvez l'observer (si cela vous dit d'assister à ce spectacle édifiant), dans le jardin, en train de se rouler dans la boue en compagnie d'un petit chenapan hirsute, issu des bas-fonds de Camden Town.

LE CULTE DU CHAT

AUCUN DOCUMENT ÉCRIT ne rapporte avec exactitude quand et comment le chat apparut dans le panthéon égyptien, mais il semble que cette période n'ait pas duré très longtemps (historiquement parlant du moins, à savoir cinq cents ans environ). Deux déesses en particulier lui furent associées : Sekhmet, dotée d'une tête de lionne, et Bastet, déesse-chat (connue aussi sous les noms de Bast ou de Pasht). On les considérait parfois comme des jumelles et, sur certaines représentations primitives, Bastet possède une tête de lionne, même si plus tard cette dernière laissa la place à celle d'un chat.

Bien que ces déesses fussent toutes deux associées avec le soleil, Sekhmet passait pour la plus féroce, du fait de son lien avec le puissant feu destructeur des rayons de l'astre au-dessus du désert, alors que Bastet représentait l'aspect nourricier et maternel de la chaleur solaire. Dans la mesure où les divinités égyptiennes ont tendance à se mélanger, leur symbolique se chevauchant, ou à supporter différentes valeurs en fonction des sites où leur culte était célébré, Sekhmet et Bastet semblent parfois interchangeables selon les époques et les lieux.

Bastet symbolisait la fertilité, la maternité et la beauté. On la dépeint souvent comme une femme à tête de chat, pourvue d'oreilles pointues. Elle est vêtue d'une longue robe moulante et porte fréquemment un panier, une égide et/ou un sistre. Le panier peut contenir des chatons, mais on trouve aussi des chats sculptés sur le sistre ou des chatons faisant des cabrioles à ses pieds.

Ces animaux n'ont jamais été officiellement considérés comme des divinités, mais on pensait qu'ils pouvaient les incarner ; c'est du moins ce rôle que jouait le chat. Cette distinction étant difficile à saisir pour le petit peuple, un culte concret s'instaura. Une statuette de bronze montre un prêtre égyptien, à genoux, en adoration devant un très grand chat couvert de bijoux en or. Certaines fouilles archéologiques ont mis au jour un nombre important d'amulettes en bronze, en ivoire, en terre cuite et en lapis-lazuli ayant la forme d'un chat ou en portant un gravé.

Le culte de Bastet et, par extension, celui des chats, atteignit son apogée vers 950 avant Jésus-Christ, lorsque Bastet eut la préséance sur les autres dieux et déesses d'Égypte. Le temple et le centre cultuel qui lui étaient consacrés se trouvaient à Bubastis, dans le delta du Nil. Hérodote s'y rendit aux environs de 450 avant notre ère. Il a laissé une description très vivante du temple et des cérémonies annuelles qui s'y déroulaient. L'édifice lui-même est dépeint comme un magnifique monument de granit rouge bâti au carré. Des murs d'enceinte couverts de gravures extrêmement élaborées fermaient le saint des saints : un bouquet d'arbres énormes au centre duquel était érigée une statue de Bastet. Des chats sacrés et rituellement nourris vivaient à l'intérieur de ce sanctuaire.

On sait peu de chose des rituels célébrés dans ce temple, mais Hérodote a laissé un compte rendu détaillé de la grande fête annuelle, considérée comme le plus important et le plus populaire des « rassemblements sacrés ». De toute évidence, des milliers de gens, arrivant souvent par le fleuve sur des bateaux, venaient, à cette occasion, en pèlerinage à Bubastis. (Le nombre des pèlerins cité par Hérodote, 700 000, semble à certains spécialistes quelque peu exagéré.) Dès leur arrivée et pendant leur séjour, ils célébraient la déesse par de la musique, des chants, des danses, des sacrifices et l'absorption de grandes quantités de vin.

La mort d'un animal sacré était une affaire des plus sérieuses. Déjà, quand un simple chat domestique trépassait, ses maîtres se rasaient les sourcils en signe de deuil et portaient le cadavre chez l'embaumeur. Des nécropoles entières réservées aux chats ont été découvertes tout le long du Nil, et l'on rencontre souvent, dans certaines tombes, leurs momies enveloppées de bandelettes. Bien sûr, ils n'étaient pas les seuls défunts à recevoir cet honneur, mais il semble qu'ils aient occupé une place à part dans le cœur des Égyptiens.

Ceux-ci entretenaient un lien si important avec la déesse que tuer un chat devint un crime capital. Un soldat romain qui venait, ainsi, de le faire fut aussitôt lynché par la population. Les peuples voisins avaient remarqué le respect des Égyptiens pour les chats et l'on pense qu'au moins l'un d'entre eux, les Perses, en tira avantage.

Vers l'an 500 avant Jésus-Christ, des soldats perses assiégèrent la cité égyptienne de Pelusium mais, les habitants leur tenant tête, ils renoncèrent à l'idée d'emporter la place. Ils étaient sur le point de lever le camp lorsque leur chef, Cambyse, fils de Cyrus II le Grand, eut l'idée d'envoyer ses troupes faire main basse sur tous les chats qu'elles pourraient trouver. Quelques jours plus tard, les forces perses lançèrent un dernier assaut sur Pelusium, chaque soldat portant un chat. Les Égyptiens se rendirent tout de suite, sans combattre et dans le calme : ils ne pouvaient courir le risque de blesser ou de tuer un seul chat. Grâce à l'enrôlement de ces animaux malgré eux, les Perses volèrent de victoire en victoire en Égypte.

LE CHAT À LA PATTE DE BOIS

Wendell Margrave
(Carbondale, Illinois, 1938)

JACK STORME était le tonnelier et forgeron de Thebes dans l'Illinois. Il avait un chat qui musardait autour de son échoppe et qui était, d'après lui, le meilleur chasseur de rongeurs de tout le pays. Grâce à lui, Jack s'était débarrassé des rats et des souris. Mais un jour, l'animal eut une patte coupée. Après cet accident, il commença à dépérir et à maigrir, perdant intérêt à tout parce qu'il ne parvenait plus à se nourrir suffisamment.

Aussi, un jour, Jack décida-t-il de lui fabriquer une patte de bois. Il lui en sculpta une avec son couteau et l'amarra à l'aide de bandelettes sur le petit membre mutilé. Après cela, le chat redevint gras et brillant. Jack décida de rester un soir dans son échoppe pour voir comment son compagnon s'arrangeait avec sa prothèse.

Dès la nuit tombée, ce dernier se posta devant un trou de souris et attendit. Sa proie eut à peine le temps de pointer prudemment le bout de son nez qu'il l'avait saisie avec sa patte valide et assommée d'un coup de sa patte de bois. En quelques heures, il avait entassé dix-huit souris devant le trou.

STORMY, LE CHAT AU LONG COURS

CETTE HISTOIRE ÉTONNANTE mais véridique débuta lorsque Stormy, notre chat rescapé, disparut soudain de son nouveau foyer de Californie. Ses maîtresses précédentes – une dame et sa fille – avaient quitté leur ferme du Minnesota trois mois auparavant, et avaient à présent le cœur brisé parce que Stormy manquait à l'appel.

De façon assez surprenante, Stormy fut retrouvé neuf mois plus tard quand les dames s'en retournèrent dans le Minnesota pour rendre visite à des parents. S'étant plongées dans les petites annonces locales, à la rubrique « Perdu-Trouvé », elles tombèrent sur un « Trouvé chat gris », qui attira leur attention. Elles se rendirent à l'adresse indiquée pour voir l'animal, et quelle ne fut pas leur joie quand elles découvrirent qu'il s'agissait de leur Stormy ! Un vétérinaire confirma son identité d'après ses empreintes dentaires et Stormy put enfin retourner chez ses maîtresses, ravies.

Ce voyage de trois mille kilomètres lui avait fait perdre un peu de poids – cinq kilos – et ses griffes étaient usées jusqu'à la racine, mais il retrouva vite la forme et décida que, cette fois, il resterait en Californie.

DE PIÈTRES RECRUES

L’ARMÉE DES ÉTATS-UNIS a tenté, un jour, d’entraîner des chats en vue d’opérations militaires. Comme ils possèdent des yeux nettement plus performants que ceux des humains, leur permettant de voir parfaitement même dans une obscurité presque totale, l’armée avait pensé qu’ils pourraient servir de guides aux soldats lors de patrouilles nocturnes. En 1968, un certain nombre de ces animaux spécialement entraînés furent envoyés au Vietnam par bateau, où l’on devait leur faire subir des tests in situ, c’est-à-dire dans la jungle. Nous ne surprendrons aucun propriétaire de chat en annonçant que ce fut un fiasco retentissant.

Le dernier rapport officiel contenait les commentaires suivants : « Une brigade, qui avait reçu l’ordre d’effectuer une sortie et de suivre les chats, se retrouva démantelée et dispersée dans les directions les plus diverses ; en maintes occasions, les animaux entraînèrent les troupes tout droit au cœur d’épais fourrés, à la poursuite de rongeurs et de volatiles… Ce sont elles qui durent les obliger à les suivre, et non l’inverse. Du coup, les chats musardaient et s’amusaient à jouer avec les sangles qui pendaient des paquetages des soldats marchant devant eux... Si le temps se gâtait ou simplement menaçait, ils filaient se cacher et plus personne ne pouvait leur remettre la main dessus. »

UNE VIE DE VÉTÉRINAIRE

John Bower

MME JONES nous parlait au téléphone. Apparemment, son chat venait de sauter du canapé et sa queue s'était « décrochée ! » Ma merveilleuse assistante n'avait encore jamais reçu un message de ce type, ni aussi macabre. Entendant cela, je demandai que l'on me passe Mme Jones, car j'imaginais bien qu'il devait y avoir une erreur – enfin, ce genre de chose n'arrive pas. Eh bien, si ! La description que Mme Jones faisait de ce petit bout de fourrure, d'une vingtaine de centimètres de long, qui ne se trouvait plus relié à l'échine de Blackie, le chat, ne laissait plus aucun doute. Je suggérai à cette dame d'apporter les « deux morceaux » à ma clinique en espérant pouvoir résoudre le problème.

Blackie avait effectivement sauté du canapé et perdu sa queue. Environ trois mois auparavant, il avait été bousculé par une voiture, mais s'en était remis assez vite. Il n'avait pas retrouvé, cependant, l'usage de sa queue à cause d'une fracture longitudinale à sa base. Ce type d'accident se produit quand la roue d'un véhicule happe la queue d'un chat qui traverse la route à toute allure. Le choc entraîna la mort de la queue, mais pas celle de Blackie. Une opération esthétique mineure était nécessaire pour réparer ce qui restait de l'appendice. Blackie serait comme neuf – quelques centimètres valaient quand même mieux que rien, comme chez les spécimens de l'île de Man.

Les chats ont souvent des problèmes avec leur queue. Il semble qu'ils paient cher le fait de disposer de ce balancier naturel. J'ai toujours pensé que les blessures sur cette partie arrivaient à des animaux qui s'en tiraient, par ailleurs, relativement bien. C'est souvent la queue qui prend, comme je venais encore de le constater, en cas d'accident sur la route. Et puis c'est une cible privilégiée lors des bagarres – probablement parce que cette zone du corps est exposée aux agressions, soit parce que le chat, peureux, tourne le dos et se sauve (trop lentement), soit parce qu'il a affaire à un adversaire vicieux, qui attaque par-derrière.

En clinique, le chat est plus difficile à manipuler et à soigner que le chien. Si celui-ci est de mauvaise humeur, on peut le museler afin d'éviter toute morsure et, bien sûr, ses griffes sont relativement inoffensives. Mais un chat n'est muselable qu'avec les plus extrêmes difficultés et au prix d'un grand stress pour lui. Le résultat est qu'il se montre encore moins coopératif que quand il n'est pas muselé, et ses griffes peuvent alors infliger de très déplaisantes blessures au vétérinaire, à son assistante ou au propriétaire. Les réprimandes ont parfois quelque effet sur le chien ; dans le cas d'un chat, cela ne sert qu'à envenimer les choses. Pour lui, la patience est la seule réponse en dehors d'un sédatif, quand cela se révèle nécessaire. Heureusement pour notre profession, l'attitude des propriétaires d'un chat récalcitrant est généralement très favorable au praticien. Cela varie du sympathique « Attention, il pourrait vous mordre et vous griffer », au direct « Méfiez-vous, c'est un fauve ». Ce dernier type d'animal est le plus souvent amené au cabinet enfermé dans un petit sac d'où il ne peut passer que la tête. Un de mes clients a porté son croisé siamois (très croisé siamois !) depuis la salle d'attente en le soulevant par la peau du cou ! Dans cette position, la bête a les quatre pattes écartées, toutes griffes dehors (dix-huit, prêtes au combat), les babines retroussées sur une dentition au grand complet, et sa gorge émet sans discontinuer un grognement rauque de colère et de menace. La première fois que j'ai vu cela, j'ai été horrifié et j'ai tenté d'expliquer à mon client qu'il existait de bien meilleures façons de m'amener son chat. Mais après m'être risqué à lui faire une démonstration qui tourna court, je pris mon parti de ne voir ce « patient » qu'à son domicile, où il se comportait d'une manière nettement plus acceptable.

Nombreux sont les chats persuadés que l'attaque est la meilleure des défenses. Dès la minute où on les a posés sur la table d'examen, ils s'efforcent avec une remarquable détermination de grimper sur le vétérinaire. C'est bien sûr la méthode optimale pour éviter d'être ausculté. Tout aussi efficace est le coup de patte qui attrape au vol la main qui s'approche d'une partie quelconque de leur anatomie. Mais, dès qu'on les maintient doucement contre la table en les empoignant par la peau du cou, l'acte médical devient alors, en général, possible.

Une salle d'attente réservée aux félins serait assez appréciable dans la pratique vétérinaire, mais cette excellente idée est rarement réalisable par manque de place. D'aucuns se détendraient beaucoup mieux ainsi que coincés entre un énorme danois et un chien-loup. Il est par ailleurs toujours préférable d'amener un chat à la clinique dans un panier ou un sac à fermeture Éclair, plutôt que dans les bras ou enveloppé dans une serviette-éponge. Ce choix minimise les risques qu'il s'échappe, car nous savons tous que cela peut arriver et arrive, de fait, régulièrement. De plus, ce mode de transport isole l'animal et limite la vue qu'il a du reste de la salle d'attente et des congénères.

Je me souviens d'un chat qui s'était sauvé, et si cela m'amuse aujourd'hui, je dois dire qu'à l'époque je n'en menais pas large. Les consultations étaient terminées et je m'apprêtais à passer une soirée tranquille lorsque la sonnette de l'entrée a retenti. Comme j'habitais, à ce moment-là, juste au-dessus du cabinet, je ne pouvais pas ne pas répondre. J'ai ouvert la porte sur une cliente tenant son chat dans ses bras, serré contre elle, sans même être emmailloté dans une serviette. Cette dame n'avait pas bien noté les heures de visite et amenait son protégé pour un examen de routine après une fracture à la patte que j'avais plâtrée quelques semaines auparavant. Le blessé a levé les yeux sur moi, s'est rappelé aussitôt qui j'étais et ce que je lui avais fait. La dame s'est débattue en tout sens pour tenter de le maîtriser mais rien n'y a fait et, en l'espace de trois secondes, il avait dévalé l'allée à la vitesse du vent, malgré son boitillement. Je parle de boitillement parce que le plâtre était resté entre les mains de la dame. C'était tout ce qu'elle avait pu attraper dans la bagarre : notre Houdini avait su parfaitement s'en dégager. Il boitait, certes, mais ça ne l'empêchait nullement de courir. Comme cette aventure s'est bien terminée, je peux en parler aujourd'hui avec le sourire. Donc Houdini a filé directement jusque chez lui. Sa maîtresse me l'a ramené aussitôt mais, cette fois, dans un sac bien fermé. J'ai donc posé un nouveau plâtre et quatre semaines plus tard tout était rentré dans l'ordre.

Le roi de l'évasion fut pour moi un matou poil de carotte du nom de Sandy. Il vivait sur la côte dans un petit village de pêcheurs et, comme c'était de tradition le samedi soir, il avait droit à un morceau de maquereau qui, malheureusement cette fois-là, contenait encore un hameçon. Celui-ci se planta fatalement dans le gosier de Sandy et l'on réclama d'urgence mes services. Ce n'était pas une mince affaire, car l'objet avait pénétré profondément et Sandy n'appréciait pas du tout mes efforts pour le lui retirer. Nous n'avions pas d'autre choix que de le conduire au cabinet et de le soumettre à une anesthésie générale. On le plaça donc à l'arrière de ma voiture dans un panier d'osier. Les vitres du véhicule étaient remontées. Au bout de quelques kilomètres, je décidai de téléphoner à la clinique pour m'assurer que je n'avais pas d'autre appel urgent dans le secteur. Heureusement non. En arrivant, j'ai sorti le panier, que j'ai trouvé étrangement léger. Sandy avait filé ! Mais non, voyons, il devait bien se cacher quelque part dans la voiture ! Je sentais un vent de panique monter en moi. Perdre un patient en cours de route, voilà qui n'était pas banal et j'espérais de toute mon âme que ce n'était qu'une fausse alerte. Mais... Sandy resta introuvable. Or l'une des vitres arrière était à présent entrouverte. Autrement dit, pendant que j'étais arrêté pour passer mon coup de fil, Sandy avait réussi à sortir d'un panier hermétiquement clos (depuis ce jour j'ai décidé qu'aucun panier d'osier n'était sûr à cent pour cent), à ouvrir une des vitres et à disparaître dans la nature. Le tout à environ quinze kilomètres de chez lui, et à l'autre bout du vaste estuaire, avec un hameçon fiché dans la gorge. Je crois que c'est à ce moment-là que j'ai failli téléphoner au ministère – et pas celui de l'Agriculture !

Comment allais-je expliquer cela à ses maîtres si dévoués ? Je ne voyais pas d'échappatoire et décidai de les appeler pour leur exposer les faits. La nouvelle fut accueillie avec un calme et une sérénité incroyables, ces gens me présentant même des excuses pour ne m'avoir pas « prévenu que Sandy savait ouvrir les portes, les placards et les fenêtres ». Je leur assurai que j'allais tout mettre en œuvre pour informer les autres praticiens, la SPA et la police. Et c'est ce que j'ai fait mais, bien sûr, à ce stade, ces organismes ne pouvaient pas grand-chose.

Trois semaines plus tard, un inspecteur de la SPA débarqua au cabinet avec Sandy (mignon petit Sandy), qu'il venait de récupérer dans un secteur de l'estuaire, à l'exact opposé de l'endroit où je l'avais perdu. Je ne m'explique toujours pas aujourd'hui si Sandy est un champion de natation ou s'il a sauté de ma voiture plus près de la clinique que je ne l'avais pensé. En tout cas, il était retrouvé, et paraissait gras et en pleine forme, bien qu'ayant toujours son hameçon planté à l'arrière du palais. Il s'était débrouillé pour manger correctement en dépit de cette gêne. Je lui ai vite administré un anesthésique et ai retiré la chose. Ensuite, je l'ai rendu à ses maîtres, ébahis et heureux, et moi, j'ai échangé tous mes paniers d'osier contre des boîtes en fibre de verre.

J'imagine que cet art de l'évasion est un aspect de l'intelligence des chats. Celle-ci varie d'un individu à l'autre et mes trois siamois sont là pour me démontrer à quel point ses applications peuvent être multiples. Guilia et Sadie sont mère et fille, et, à elles deux, forment une remarquable équipe spécialisée dans l'ouverture des portes en tout genre. Les boutons ronds sont assez difficiles à manœuvrer mais, pour ce qui est des becs-de-cane, c'est du nanan ! Sadie, plus jeune et plus souple, saute sur la poignée et l'abaisse avec ses deux pattes de devant tout en retombant sur le sol, tandis que Guilia, dans une synchronisation parfaite, glisse une griffe au bas de la porte juste au moment où celle-ci s'entrebâille. Résultat : le passage est libre. Elles sont si performantes à ce petit jeu-là que j'ai dû inverser les poignées sur les portes des pièces qui leur sont interdites, dont le salon, qu'elles prennent pour l'endroit idéal où se faire les griffes. Or Rudyk, notre troisième siamois, a trouvé la solution à cette porte fermée, à condition que nous soyons nous-mêmes à l'intérieur du salon. Il a remarqué que, quand la sonnette de l'entrée résonne, on se lève puis on sort du salon pour se rendre jusqu'à la porte principale. C'est alors qu'il peut se faufiler discrètement à l'intérieur. Mais notre Rudyk a également noté que, dans la chambre au premier étage, il existe un vieux cordon de sonnette qui servait autrefois à appeler la bonne, et que le timbre est identique à celui de l'entrée. D'une façon étonnante, il a su effectuer ce rapprochement judicieux et, quand il veut venir au salon, il lui suffit de monter dans la pièce, de tirer sur le cordon et d'attendre que nous allions ouvrir à un (prétendu) visiteur. Et là, il se faufile derrière notre dos. Nous n'avons pas eu le cœur de supprimer cet antique système.

Parmi les incidents les plus amusants qui peuvent parfois émailler la journée d'un vétérinaire, certains concernent le sexe du chat et les problèmes que cela engendre si le propriétaire s'est trompé. Je traite des matous qui portent le nom de Susan et des femelles qui répondent à celui de Jason, mais il existe aussi, et c'est heureux, un nombre important de Fluffy et de Blackie, qui conviennent aux deux sexes. J'ai vu des clients s'indigner en apprenant que leur protégé n'était pas du sexe qu'ils croyaient. Je me souviens d'un énorme mâle, avec les favoris et la large tête typiques des matous, amené au cabinet pour être « stérilisé ». J'ai fait remarquer avec tout le tact dont j'étais capable que ce terme était employé pour les femelles et que l'on parlait, sinon, de castration. Ma cliente me répondit aussitôt qu'elle le savait fort bien et que, si elle avait évoqué la stérilisation, c'était parce que son chat était, pardi, une femelle. J'effectuai une vérification afin de confirmer ma première impression en m'assurant que tout était biologiquement bien en place. Rassuré, et soulage je dois dire, je réaffirmai à mon interlocutrice que son animal était bel et bien un garçon. — Mais c'est impossible, répliqua-t-elle, elle s'appelle Tinkerbelle.

Les termes employés pour désigner ces opérations courantes sont parfois l'occasion de moments comiques lorsqu'ils sont modifiés ou écorchés par les clients : stérilé pour stérilisé, castagné pour castré, etc. Ces interventions de routine n'engendrent, en principe, aucun effet secondaire. Chez les chiens, il arrive que les femelles prennent un peu de poids, mais seulement si elles sont gavées d'une nourriture inappropriée. Les chats, eux, semblent savoir réguler eux-mêmes leur poids par une alimentation correcte et de l'exercice. Très peu deviennent obèses. Une exception est ce mâle castré que je soigne actuellement pour des problèmes de vessie. Il pèse 18 kilos. Quand on sait que 5 kilos est un poids normal pour un chat en bonne santé, il est évident que celui-ci souffre de surpoids. Il ressemble à un phoque miniature et il a le dos si large que, lorsqu'il est couché au sommet d'un mur, il a les pattes qui pendent de chaque côté. Comment s'y prend-il seulement pour sauter sur ce mur ? J'aimerais bien le savoir. En dehors de son problème physiologique associé à son état d'obésité, il reste très actif, en bonne forme et très affectueux avec ses propriétaires. En revanche, il n'aime pas ma personne et mes manipulations, et il essaie toujours de me compliquer la vie. À cause de sa couche de graisse sous la peau, il n'a pas à proprement parler de cou. Je ne parviens donc pas à l'empoigner à cet endroit pour l'examiner, comme le font tous les vétérinaires. Et maintenir un spécimen comme lui devient alors un sérieux problème.

Il arrive parfois que des chats nous apprécient et nous respectent. Un confrère m'a parlé d'un siamois blue point appelé Buttons, que des clients voisins de sa clinique lui avaient amené. Il avait une blessure à l'oreille formant une grosse poche de sang et qu'il fallait, sous anesthésie, vider, nettoyer et refermer avec des points de suture pour éviter une réinfection. Les sutures furent passées à travers le cartilage de l'oreille et les nœuds arrêtés à l'aide d'un bouton pour éviter que le fil de Nylon ne pénétre dans les chairs. Peu après, Buttons prit l'habitude de venir seul à la clinique, environ tous les trois jours, jusqu'à ce que les fils soient tous retirés. La seule fois où ses maîtres l'accompagnèrent fut le tout premier jour.

La vie que nous menons est parfois épuisante, mais elle est toujours gratifiante. Rien n'est plus satisfaisant que de voir nos patients retrouver la santé : que ce soit Ginger, qui a pu à nouveau gambader et grimper, après son accident dans la rue et sa patte cassée ; ou bien Suki et ses chatons, tous sains et saufs après une césarienne ; ou encore Sandy, sauvé d'un empoisonnement avec des granulés anti-limaces ou après un accès de coryza. Nous nous attachons énormément à nos protégés mais, comme ils ne vivent pas aussi longtemps que nous, nous nous retrouvons fatalement confrontés à la disparition de la plupart d'entre eux au fur et à mesure que les années passent. Rien n'est plus attristant que de voir un de nos vieux amis s'éteindre quand on se souvient des mauvais pas d'où on l'avait sorti – et il nous semble tout à coup que c'était hier. Notre vie est passionnante malgré tout, et les moments fantastiques que j'ai essayé de vous raconter dans ces quelques pages, dus soit au chat et à ses facéties intelligentes, soit au maître, doté de quelque humour, ne manquent jamais d'apporter joie et lumière dans nos foyers à la fin d'une journée difficile.

MIN ET LA SOURIS

Henry David Thoreau

MIN AVAIT ATTRAPÉ une souris et jouait avec dans la cour. Elle lui avait échappé une fois, puis deux, mais Min avait su lui remettre la patte dessus. Or la proie avait à nouveau trouvé le moyen de fausser compagnie à une Min qui observait son manège, les pattes bien ramassées sous elle, quand son ami Riorden, un mâle assez costaud, arriva sur les lieux. Curieux de ce qui pouvait bien se passer par ici, il visa la souris du coin de l'œil, tourna la tête puis l'attrapa par la queue, lui assena deux ou trois bonnes tapes, et enfin l'envoya promener en l'air avec dextérité pour la rattraper dans sa gueule ouverte. En un clin d'œil, la bestiole glissa la tête la première et toute vivante dans le gosier impressionnant de Riorden. Jamais plus on ne la revit sur cette terre. Pendant tout ce temps, Min, les pieds bien rangés sous elle, joua l'indifférente. Que lui importait, après tout, une souris de plus ou de moins ? Le mâle repartit vers les groseillers, allongea le cou, fit un ou deux efforts pour finir de déglutir et tout fut fini. Ensuite, il se mit à crier à pleins poumons pour célébrer son exploit. On aurait dit un coq au milieu de sa basse-cour. Mais plusieurs témoins humains avaient assisté à cette aventure et on peut se demander si Min a jamais vraiment compris où la souris était passée. Pourtant, la voilà à nouveau postée en sentinelle, ses petites pattes bien réunies contre son cœur, à passer désormais une bonne partie de ses journées près de quelque trou en attendant l'éventuelle apparition d'un rongeur.

DISCIPLINE

Agnes Repplier

CE TEXTE *de l'essayiste américaine est extrait de son ouvrage* The Fireside Sphinx, *écrit en 1901.*

Une chatte conserve jeunesse et souplesse grâce à l'énergie que déploient en permanence ses chatons. Elle joue avec eux, les câline, les rassemble dès qu'ils s'éloignent un peu trop et les corrige vertement chaque fois qu'ils font de ces bêtises communes à tous les petits félins. Un chaton déteste la toilette presque autant qu'un bébé humain, surtout du côté des oreilles. Il essaie constamment d'y échapper, se roule dans tous les sens, pédale dans les airs et adopte les attitudes les plus récalcitrantes jusqu'à ce qu'une tape le ramène à l'obéissance. Pussy ne fait aucune confiance à la persuasion morale mais suit implicitement les conseils un peu oubliés de Salomon.

On m'a un jour rapporté une histoire assez plaisante à propos d'une chatte anglaise qui avait élevé plusieurs familles nombreuses et qui, sommeillant devant la cheminée de la nurserie, fut réveillée et agacée par les pleurs du bébé de la maison. Elle supporta ce dérangement aussi longtemps qu'elle le put, espérant que la nourrice finirait par imposer son autorité. Puis, estimant que sa patience avait atteint ses limites, elle se leva, traversa la pièce, sauta sur le canapé et par deux fois, de sa longue patte douce, celle qui avait corrigé tant de chatons désobéissants assena une tape sur les oreilles de la nourrice. Après quoi, elle retourna se coucher.

AFFECTION FÉLINE

UN AUTEUR ANONYME a publié dans le journal scientifique Nature *un texte qui nous offre un remarquable exemple d'affection d'une chatte pour son maître.*

En 1887, je me suis absenté de Madras pendant deux mois, laissant dans la maison mes trois chats, dont l'un, une femelle, était la créature la plus gentille et la plus affectueuse qui soit. Pendant mon absence, ma maison fut occupée par deux jeunes gens qui prirent un malin plaisir à persécuter les animaux et à leur faire peur. Environ une semaine avant mon retour, la chatte a eu des petits qu'elle prit grand soin de cacher derrière les rayons de la bibliothèque. Le matin de mon arrivée, dès que je l'ai revue, je l'ai câlinée comme d'habitude puis j'ai de nouveau quitté la maison pour environ une heure. En rentrant, j'ai découvert les chatons dans un coin de ma penderie, là où de précédentes portées avaient déjà été mises au monde et élevées. Quand j'ai questionné le domestique pour savoir comment les chatons étaient arrivés là, celui-ci m'a aussitôt répondu :

— Monsieur, cette brave chatte les a transportés dans sa gueule, un par un, jusqu'ici.

Autrement dit, elle avait fait autant de voyages, un petit dans la gueule, depuis la bibliothèque jusqu'à la penderie, qu'elle avait de chatons, tout cela afin de bien me les montrer.

Je ne crois pas avoir entendu citer d'exemple plus remarquable d'intelligence et d'affectueuse confiance chez un animal, et je dois avouer que cette démonstration m'a beaucoup touché. On aurait dit que cette chatte avait raisonné de la sorte : « À présent que mon maître est rentré, je n'ai plus à craindre que les deux jeunes sauvages fassent du mal à mes bébés dans cette maison, aussi vais-je aller les lui montrer pour qu'il les voie et les admire, et les garde dans le petit coin où j'ai pu élever toutes mes portées précédentes. »

SOLOMON ET SHEBA

Doreen Tovey

LE JOUR OÙ SHEBA, à la poursuite d'un moucheron derrière le tableau fixé au-dessus du bureau, laissa de jolies petites traces noires sur le mur, Charles déclara qu'il n'était pas juste de l'accuser en toutes circonstances. Ce n'était pas sa faute, dit-il, si au cours de cette cavalcade, elle avait dû grimper dans la cheminée et en était ressortie les pattes pleines de suie. Cela me rappela que les siamois ne ressemblaient pas aux autres chats, et qu'ils étaient les champions de l'agilité et de la curiosité.

Charles préféra cependant ne pas évoquer la fois où nous étions en train d'installer le nouveau tapis dans les escaliers et où Solomon, désireux de montrer à Sheba combien il était robuste, s'amusa en y faisant ses griffes à le dérouler jusqu'en bas des marches alors que nous en étions encore à le clouer en haut. Charles traita alors Solomon d'affreux petit vandale et ajouta que, si ça continuait, on n'aurait plus de chats à la maison. Mais ce ne furent pas ces menaces qui améliorèrent les choses. Pour protéger le tapis le temps que Solomon s'en désintéresse, je recouvris chaque marche de journaux pliés – des numéros du *Times*. Cela a été efficace quelques jours ; puis, un matin, Charles, pressé d'aller chercher sa mallette, glissa sur une feuille de journal et dévala l'escalier en manquant de se rompre le cou. Solomon et moi nous fîmes alors tout petits, car nous eûmes toutes les raisons de craindre le pire. Charles, qui mesure un bon mètre quatre-vingts, venait en effet de dégringoler l'escalier raide et étroit sur toute sa hauteur, et cela très méthodiquement, marche après marche. Même si je m'étais trouvée à ce moment-là au sommet de l'Everest, je n'aurais pu m'empêcher de me sentir coupable – Solomon n'y était pour rien.

Tandis que Sheba réconfortait Charles, étalé dans l'entrée, en lui grimpant cent fois de suite sur le ventre et en miaulant anxieusement pour savoir s'il était mort, Solomon s'assit en haut des marches pour entamer l'un de ces longs monologues dont les siamois ont le secret à propos des injustices de ce monde. « Sheba fait bien ses griffes où elle veut, elle, pleurnichait-il, et personne ne lui dit jamais rien ; le dessous du fauteuil de la chambre d'amis n'est plus qu'une guenille infâme parce que Mademoiselle aime, en guise d'exercice matinal, aller s'y vautrer et jouer au petit train en s'agrippant tout autour – Charles disait simplement à ce propos qu'il fallait bien que la petite s'amuse.

« Elle jette tout par terre et lâche des trucs sur les gens », braillait Solomon de plus belle. Ses vocalises, qui montaient par saccades dans les aigus pour appuyer ses récriminations, explosèrent en un râle à vous crever les tympans au moment où il sentit que ses commentaires assenaient des vérités. Et c'était fort juste : Solomon ne faisait jamais rien tomber, et par conséquent ne blessait jamais personne. Cela dit, il n'était pas capable de sauter assez haut. En revanche Sheba qui pouvait, telle une chèvre de montagne, atteindre les rayons de bibliothèque de chaque côté de la cheminée, était toujours en train de bombarder les visiteurs de dictionnaires ou de traités juridiques. Un jour, je m'étais quand même posé la question de savoir si elle ne le faisait pas un peu exprès, car cela n'avait pas été un accident le soir où je l'avais, de justesse, empêchée de couronner Solomon avec une jarre de cuivre rapportée de Bénarès. Quand je l'ai attrapée, elle se tenait sur le bras d'un fauteuil et essayait de faire tomber, avec sa patte l'objet posé sur la cheminée, pendant que Solomon, allongé de tout son long pour se chauffer le ventre, dormait tranquillement sur le tapis juste en dessous.

Tendant le cou au-dessus du vide, à travers les barreaux de la rampe d'escalier, pour être sûr que tout le monde l'entendrait, Solomon continuait à entonner ses doléances. « Charles est maladroit », se plaignait-il en fusillant Sheba du regard, qui, soulagée de constater que son « papa » allait pouvoir continuer à être opérationnel encore quelques années, profitait des circonstances pour le piétiner vigoureusement et lui assurer ainsi que c'était elle la plus mignonne. « Avec ou sans journaux, Charles se serait de toute manière cassé la figure dans l'escalier, beuglait Solomon. C'est bien simple, Charles se prend les pieds dans tout. Tiens, ne serait-ce que samedi dernier, il est tombé de l'échelle. Pourtant personne, conclut Solomon en se lamentant d'une manière qui en disait long sur son état de frustration, personne ne peut m'en accuser. Charles a fait ça tout seul, comme un grand. »

En effet. Charles s'était mis en tête de repeindre les gouttières de la maison, perché sur une échelle posée contre le rebord du toit en pente. Mais comme l'un de ses pieds était fendus, l'échelle avait été réparée vaille que vaille et amarrée avec une vieille corde au corps de cheminée. Seule la foi tenait le tout, défiant les avertissements réitérés du père Adams, qui avait connu plusieurs bougres qui s'étaient tués de cette façon. Voilà la version que donna Charles de son accident : il venait de remonter pour donner le dernier coup de pinceau, se disant (c'est son habitude de se jouer mentalement de petits drames excitants pour se distraire pendant qu'il travaille) : « Et c'est à ce moment-là, alors qu'il s'apprêtait à donner l'ultime coup de pinceau, qu'il entendit le sinistre craquement de la corde qui cédait et qu'il tomba comme une pierre dans l'abîme en dessous de lui », lorsque la corde (la vraie) s'est rompue. Mais pas brutalement. Elle s'était lentement et sadiquement dévidée juste sous son nez au moment précis où il se trouvait au sommet de l'échelle, exposé à tous les dangers. Il n'est pas non plus tombé dans le vide. Il s'est affalé telle une masse sur le petit toit au-dessus du porche d'entrée, secouant du même coup le cottage jusque dans ses pauvres vieilles fondations. Quand je suis arrivée en courant, convaincue que cette fois j'allais être veuve, il se trouvait, l'air malheureux, au milieu d'une mare de peinture bleu clair tandis que, sur le toit de la réserve à charbon, côte à côte et le cou tendu comme deux spectateurs ne voulant rien perdre du jeu de l'acteur, Solomon et Sheba se demandaient ce qu'il pouvait bien fabriquer.

Charles me dit plus tard que jamais je ne le croirais, mais que, tandis qu'il dégringolait du toit il avait vu

– oui, *vu* – ces deux-là (nos deux crapules) descendre l'allée au grand galop et grimper sur la réserve à charbon comme sur une tribune. Je voulais bien le croire. Ils font eux-mêmes tellement de bêtises que rien ne les amuse autant que d'être aux premières loges, la queue enroulée autour des pattes, arborant une expression de totale incrédulité, quand quelqu'un d'autre commet une bévue. Je me souviens de la fois où un chien avait pourchassé le petit chat d'un voisin, qui s'était réfugié au sommet du poteau télégraphique situé à l'extrémité du mur du jardin. Après l'intervention des pompiers, Solomon ne fut plus guère en position de jouer les héros ; Sheba, en revanche, développa une manie, héritée de sa maman, consistant à appeler Charles à son secours chaque fois qu'elle avait grimpé dans un arbre. En tout cas, ce jour-là, pendant que Charles et moi tentions de résoudre le problème du petit chat en calant comme nous le pouvions une échelle contre le poteau, nos deux siamois s'étaient plantés au pied de celle-ci, toujours côte à côte, le cou tendu telles des girafes pour mieux apprécier la perspective : « Dis donc, c'est rudement haut, là où ce chat est allé se percher. » Les yeux arrondis comme des boutons de bottine, ils miaulaient de toutes leurs forces pour l'encourager et lui rappeler qu'il était fou de faire des choses pareilles et que eux, d'en bas, avaient bien l'impression que ça n'allait pas être facile pour le faire redescendre. Or Charles n'avait pas sitôt ramené l'animal qu'il lui fallut regrimper pour aller chercher Solomon, qui, histoire d'en rajouter, était monté à l'échelle dès que son maître avait eu le dos tourné, pour voir comment ça faisait. Il était à présent à mi-chemin et se démanchait le cou pour raconter avec enthousiasme à Sheba, toujours en bas, à quel point c'était amusant, pendant que celle-ci ruminait l'idée que, lui non plus, personne n'allait pouvoir facilement le décrocher de là.

Il était inévitable, cela va sans dire, qu'un jour ces facéties de casse-cou leur jouent des tours. Cela a commencé au moment où de nouveaux voisins ont emménagé dans le cottage d'à côté. Solomon et Sheba, comme d'habitude dévorés de curiosité, s'y rendaient chaque jour pour voir comment ces gens s'installaient. Nous avons demandé à ces derniers de ne pas les encourager à venir, sous peine, avons-nous ajouté, de catastrophes. Solomon massacrerait leur moquette ou viderait leur garde-manger et Sheba grimperait dans leur cheminée ou tomberait dans les toilettes. Ils ne nous ont pas écoutés. Comme ils n'avaient encore jamais croisé de siamois de leur vie, ils étaient fascinés, disaient-ils, par la façon dont nos deux fripons arpentaient l'un derrière l'autre l'allée de leur jardin, les saluaient d'un mouvement de queue aérien et entamaient une inspection en règle des locaux, comme s'ils étaient chez eux. Ce fut donc, d'après ce que nous avons pu savoir, entièrement la faute des Weston lorsque, essayant de remplir illicitement un baquet d'eau, durant une période de sécheresse, au moyen d'un tuyau serpentant discrètement au milieu des delphiniums et des lupins, et raccordé au robinet de la cuisine, ils virent Solomon et Sheba ameuter tout le village en se dressant sur le toit de leur cabane de jardin et en fixant avec des yeux écarquillés les bulles qui affleuraient sur le tuyau. Ils invitèrent ainsi, aussi bruyamment qu'ils le purent, tous les passants à venir voir ce qu'ils avaient découvert. Le père Adams, qui fut l'un des premiers à répondre à cet appel – des années auparavant, son grand-père avait vécu dans la maison des Weston et cela, selon une tradition locale, lui conférait plus de droits sur la propriété qu'aux Weston eux-mêmes, qui n'étaient, après tout, que des nouveaux venus –, alla admonester le vieux Weston pour ce manque de civisme. M. Weston n'était pas dans le pays depuis assez longtemps pour se rendre compte que pratiquement tout le monde – y compris le père Adams – remplissait des citernes exactement comme lui, et pendant plusieurs jours il se déplaça, la honte au front, en rasant les murs. C'est aussi pourquoi, le jour où Solomon dévora le pot de crème de beauté si cher de tante Ethel, celle-ci fit savoir à qui passait par là qu'elle ne voulait plus entendre parler de chats siamois.

Il faut dire que nous n'avons jamais essayé de les dresser. Chaque fois que nous pensions être quittes d'une chose, ils en inventaient une autre. La chasse aux souris, par exemple. Nous nous étions à peine accoutumés à ce que Sheba en attrape régulièrement, que Solomon lui piquait et nous lançait à la figure en jouant pendant des heures, que Sheba, sentant bien que Solomon lui volait, ainsi, la vedette, décida qu'à l'avenir il serait préférable pour elle de nous avertir quand elle aurait sa proie entre les dents : ainsi nous saurions que c'était bien à elle. La première fois que Solomon l'entendit arriver, d'après ce nouveau système, en meuglant comme une corne de brume, il crut qu'il s'agissait d'un spectre et fonça se cacher sous la baignoire, d'où nous avons eu un mal fou à l'extirper. Cependant, il ne lui fallut pas longtemps pour inventer une bien meilleure astuce. La fois d'après, il mangea la souris. Dans un coin, mais pas en silence. Au contraire, après avoir fait un raffut du diable, il nous laissa sur le tapis devant la cheminée, en souvenir et bien en évidence, la tête et la queue de la bestiole. Sur ce, Sheba mangea également une souris mais, n'ayant pas l'estomac de Solomon, elle dut s'éclipser pour tout restituer dans l'escalier. Et voilà, comme dit Charles, la vie continue.

Nous avons connu une période, juste après la mort de Sugieh, lorsque les deux chatons ont acquis de l'indépendance, où, lorsque nous avions de la visite, nous ne faisions plus la loi : nos deux galapiats investissaient les genoux des gens, léchaient à qui mieux mieux les petits gâteaux, quand ils n'étaient pas en train d'explorer les sacs de fond en comble ou de brailler derrière la porte des toilettes dès qu'elles étaient occupées. Ils aimaient tellement nos visiteurs que, le jour où Charles les a bouclés dans l'entrée parce qu'un de ses amis portait un impeccable costume noir et qu'il n'était pas vraiment fanatique des chats, ils ont escaladé les rideaux pour atteindre, tout en haut, un battant de fenêtre que nous avions oublié de fermer. Ensuite, ils ont fait une apparition très remarquée derrière les fenêtres du salon, leurs petits museaux barbouillés pressés contre les carreaux, en nous dévisageant avec des airs de pauvres orphelins perdus dans la tempête.

Ils ont eu du succès, je peux le dire. Tout le monde n'en a plus eu que pour eux et ils ont même eu droit à de la crème glacée. L'ami de Charles est rentré chez lui avec un costume qui semblait avoir été fabriqué avec de la laine d'angora. La fois où nous les avons mis dehors pour que nos amis soient un peu tranquilles,

Solomon, se souvenant trop bien de la délicieuse crème glacée, a immédiatement cherché à sauter par une fenêtre. Mais, comme toutes celles du rez-de-chaussée avaient été bien fermées, il a foncé au premier étage et, tel Bat-Chat, s'est tout simplement élancé du haut de la fenêtre de la chambre. Une amie a failli se trouver mal en le voyant voler dans les airs. Il a atterri dans les hortensias sans se faire le moindre mal. Le seul problème était qu'il avait à présent découvert qu'il pouvait ouvrir les fenêtres en glissant son petit crâne sous le loquet et en poussant vers le haut. Dorénavant, non seulement nous devions constamment renouveler nos couches de papier journal sur les marches d'escalier, mais il nous fallait coincer les fenêtres avec de la ficelle.

Pourtant, si les chats, avec leurs facéties avaient le don de rendre nos amis fous de joie à leur arrivée, pour ceux qui s'attardaient un peu trop au-delà de onze heures du soir, les choses prenaient une tout autre tournure. Solomon et Sheba commençaient par se retirer sur le fauteuil le plus confortable. Si quelqu'un l'occupait, ils se laissaient glisser derrière son dos et se retournaient ostensiblement en tout sens jusqu'à ce que la personne s'éloigne, ce qui ne manquait jamais. Alors, nos petits gredins s'installaient en rond et essayaient très visiblement de trouver le sommeil. « Essayer » est le terme exact parce que, dès que quelqu'un laissait tomber son regard sur le fauteuil, au moins l'un des deux siamois relevait aussitôt un peu la tête et le fixait d'un œil, avec une expression qui l'avisait qu'il était temps de rentrer chez lui, car « il y en a ici qui sont fatigués ». Si ce rituel ne suffisait pas, Solomon finissait par se redresser, miauler bruyamment puis se recoucher en se laissant tomber avec un grand soupir sur le dos de Sheba. Rares étaient les visiteurs qui ne comprenaient pas le message. Solomon avait un miaulement comparable à l'éructation d'un ogre – c'était long, caverneux, et articulé avec une évidente délectation. Mais le plus gênant était leur façon de procéder : après avoir paressé pendant des heures comme s'ils s'étaient escrimés toute la journée sur une chaîne d'usine, dès l'instant où nos invités prenaient congé, les voilà tout à coup debout et ragaillardis ! Cela n'aurait pas été trop désobligeant s'ils s'étaient contentés de les raccompagner poliment jusqu'à la porte, comme Sugieh en avait pris l'habitude, mais ces deux-là faisaient le planton dans le hall d'entrée et beuglaient à gorge déployée pour que les intrus se hâtent de décamper – et, tandis que nous raccompagnions ces derniers jusqu'à la grille du jardin, nous pouvions parfaitement voir nos tyrans derrière les vitres, qui se poursuivaient d'une chaise sur une autre pour fêter leur victoire.

Pour être tout à fait honnête, à cette époque, notre entourage n'avait pas l'habitude de considérer les chats avec autant de gentillesse et d'humour. Une amie, par exemple, ayant mis une vieille paire de bas pour pouvoir jouer avec eux, avait laissé la neuve posée quelque part dans notre chambre, par sécurité. Elle s'attendait à ce que les usagés soient en lambeaux, ce qui n'a pas manqué. Solomon lui a donné un amical petit coup de dent à la cheville pendant que nous prenions le thé, et cela a suffi à faire filer le bas. Hélas, la porte de la chambre n'était pas complètement fermée et Sheba a eu envie d'apporter, de son propre chef, la paire impeccable à notre visiteuse ; mais pendant le parcours celle-ci s'est déchirée en s'accrochant après une aspérité des marches.

Et puis il y a eu cette amie qui avait laissé ses clés de voiture sur la console de l'entrée. Geste innocent – sauf à l'époque où Solomon se prenait pour un berger allemand et avait la manie de transporter toutes sortes d'objets dans sa gueule. Il nous a fallu deux bonnes heures pour trouver l'endroit où il avait dissimulé sa prise : dans un trou de golf au milieu de la pelouse.

Et puis aussi ce cactus, qui avait mystérieusement disparu de son pot tandis que son propriétaire, à qui un ami venait de l'offrir, nous appelait pour prendre le thé. Charles dit alors que, si cet incident n'apportait pas la preuve que Solomon était fou à lier, rien d'autre ne le démontrerait. En réalité, ce n'était pas Solomon qu'il fallait accuser, mais Sheba. C'est ce que nous avons découvert par la suite quand nous avons voulu cultiver nous-mêmes des cactus et qu'il nous a fallu les enfermer – oui ! – chaque soir dans la salle de bains. Sheba a alors passé des nuits entières à hurler devant la porte, réclamant ne serait-ce qu'un petit morceau de plante pour jouer à la marelle.

En revanche, c'est bien Solomon, lui seul, sans l'aide de personne, qui a mis en pièces le manteau de fourrure. Nous n'avions pu nous empêcher d'éclater de rire devant son expression de terreur la première fois qu'il l'avait vu et sa façon d'arquer l'échine en guise de mise en garde. Nous n'y avions ensuite plus pensé. La propriétaire du manteau avait caressé Solomon sur la tête et, en déclarant que son vêtement n'était pas de grande valeur, l'avait jeté négligemment sur le dossier d'une chaise dans l'entrée. Mais Solomon, lui, ne pensait qu'à ça. Dès qu'il eut fait le plein de sandwichs au crabe, il s'éclipsa et fut pris d'une telle rage contre ce manteau que je tremble encore en pensant à ce que cela nous a coûté pour le faire réparer.

Après cela, nous avons toujours surveillé les fourrures. Dès que quelqu'un arrivait chez nous en en portant une, Charles enfermait Salomon dans la cuisine pendant que je fonçais accrocher le vêtement dans notre penderie en refermant la porte de la chambre à clé derrière moi. Même ainsi, j'ai eu des sueurs froides le soir où une invitée arriva chez nous dans un superbe manteau de léopard. Aussitôt après le dîner, Solomon disparut discrètement dans l'entrée. Dès que cela me fut possible, je m'y glissai à mon tour pour vérifier ce qu'il en était. Tout semblait normal. La porte de la chambre était toujours bien fermée à clé et, quand je lui ai adressé la parole, Solomon, qui fixait l'obscurité, innocemment installé sur la console, m'a répondu qu'il était à la chasse au renard.

Ce n'est que lorsque notre amie, sur le départ, jeta un coup d'œil circulaire en disant que c'était drôle, mais qu'elle aurait juré avoir laissé son chapeau sur une commode, que je me suis rappelé qu'elle en avait un en arrivant, mais que je ne l'avais, en revanche, pas dissimulé dans la chambre – et pour lequel il était maintenant trop tard. Il avait – ou plutôt avait eu – une belle plume de coq noire sur le côté. Quand nous l'avons ramassé sous la chaise où avait été, auparavant, caché le télégramme de tante Ethel, la plume était en miettes.

À cette époque, Solomon n'avait que six mois mais, en dépit de débuts aussi peu prometteurs, était devenu le plus beau siamois que j'aie jamais vu. Bien sûr, il avait encore des moustaches striées, de grosses pattes et une démarche à la Charlie Chaplin, mais il avait perdu sa graisse de bébé, et était aussi mince et élancé qu'une panthère. Son masque noir triangulaire – à l'exception d'un unique poil blanc, juste au centre – brillait comme de l'ébène poli. Ses yeux, en amande et placés haut sur des pommettes d'Oriental, étincelaient tels des saphirs d'une beauté époustouflante, même pour un siamois. Quand il se tenait sur le mur du jardin, ses longues pattes noires pendant élégamment par-dessus bord, il ressemblait exactement, d'après le père Adams, à un prince d'Orient dans un de ses palais.

Le père Adams, grand fan d'Ethel M. Dell, aurait aimé que Solomon fût un prince au sens réel du terme. À ce moment-là, il rêvait encore de faire fortune dans l'élevage des chats et Solomon était tellement beau qu'il aurait donné n'importe quoi pour le voir courtiser Mimi, l'entraîner dans les collines par la peau de son joli petit cou aux teintes crème et fonder avec elle une lignée de siamois qui aurait atteint, comme il disait toujours, dix livres par chaton et cela en un tournemain.

Il fut tellement écœuré, quand il apprit que nous avions fait castrer Solomon, qu'il ne nous a plus adressé la parole pendant huit jours – ce qui nous arrangeait bien. Nous ne souhaitions pas briser l'existence de Solomon, mais nous devions vivre tous ensemble et même les amis qui nous aimaient beaucoup auraient fini par déserter notre maison si un siamois non castré avait continué à y faire des siennes à ce niveau. Sinon, la seule façon de le garder – en dehors de le laisser vagabonder, auquel cas un mâle siamois développe généralement des instincts agressifs et ne rentre plus à la maison – aurait été de l'enfermer dans un élevage.

Quand nous lui avons demandé son avis, Solomon nous a répondu qu'il préférait les coccinelles aux filles. « Et les gâteaux à la crème », ajouta-t-il en jetant un regard gourmand sur le plateau du goûter. « Et aussi dormir dans votre lit », avait-il marmonné cette nuit-là en farfouillant sous les couvertures pour se caler contre ma tête.

Les jeux étaient faits. Nous ne pouvions imaginer notre Solomon entier dans la situation d'un lion en cage. Le week-end suivant, il fut castré et Sheba, stérilisée, sans qu'il y eût le moindre problème d'un côté comme de l'autre, excepté pour les agrafes sur le ventre de Sheba. Elle en avait deux et le vétérinaire qui l'a opérée nous affirma que nous pourrions retirer les fils nous-mêmes dans une dizaine de jours. Juste un petit coup de ciseau ici et là, tirer doucement – c'est tout.

Tout cela est en effet possible avec des chats normaux, mais pas avec Sheba. « Pas question d'être tripotée par des mains maladroites », dit-elle. Dès que nous essayions de l'approcher avec des ciseaux, elle se sauvait jusque sur les rayons supérieurs de la bibliothèque et s'y barricadait. Même Charles ne parvenait pas à l'en déloger. Pourtant, elle l'adorait, du moins c'est ce qu'elle lui répétait de derrière les volumes de l'Encyclopædia Britannica – mais pas touche aux fils, si cela ne lui faisait rien. Il pouvait faire tout ce qu'il voulait sur Solomon, Mimi ou même moi. En ce qui la concernait, elle exigeait un vrai médecin. Au bout d'une nuit, quand les fils commencèrent à la gratter, elle s'installa sur notre lit et entreprit de s'en débarrasser elle-même. Puis arriva Solomon, qui essaya à son tour, à coups de léchages qui, en faisant vibrer l'ensemble du lit, faillirent nous rendre fous. Elle parvint à ses fins et en retira un. Nous pouvions difficilement demander au vétérinaire local d'achever le travail dans la mesure où ce n'était pas lui qui avait réalisé l'opération. C'est pourquoi nous avons appelé le docteur Tucker, qui, gentiment, arriva aussitôt. Comme par hasard, pour lui, Sheba ne s'est pas cachée. Bien au contraire, elle lui a longuement raconté tout ce que nous avions essayé de lui faire subir : pensait-il qu'il faudrait nous dénoncer à l'ordre des médecins ? Tandis qu'il coupait et tirait avec les ciseaux que nous avions vainement tenté d'utiliser, elle ne broncha pas et resta bien sagement sur la table, ronronnant, les yeux louchant de bonheur.

Cet épisode devait, selon nous, marquer la fin de nos ennuis. Les chats grandissaient. Ils avaient, bien sûr, leurs petites manies, comme cette habitude chez Sheba de renverser toutes les nuits le panier à légumes, ce qui provoquait, le lendemain, le concert de gémissements de notre nouvelle bonne. Elle disait que, dans ses autres places, ce n'était pas son travail de ramasser chaque matin des choux de Bruxelles et des tomates écrasées sous la cuisinière. Mais c'était peu de chose, comparé à ce qu'elle s'empressa de nous signaler, à savoir que Solomon avait la manie de venir mettre ses pattes partout dès qu'elle avait fini de cirer le parquet.

Sheba fut très contente quand cette bonne nous a quittés. « Vous voyez, fit-elle remarquer – elle avait raison –, cette femme aurait été capable de laisser pourrir des choux de Bruxelles sous le fourneau jusqu'à ce que vous soyiez obligés de nettoyer vous-mêmes. » Solomon était ravi, lui aussi. « Elle passait son temps à me lancer le chiffon à poussière à la figure, rapporta-t-il, et si je n'avais pas été un parfait gentleman, je l'aurais mordue. » Charles était, lui aussi, satisfait. Si cette femme ne nous avait pas donné elle-même son congé, affirmait-il, à en juger par les regards sombres qu'elle lui décochait chaque fois qu'il lui demandait de vider les cendriers, c'est sur lui qu'elle aurait fini par jeter le chiffon à poussière. La seule personne qui n'était pas enchantée dans toute cette affaire, c'était moi – mais j'étais trop occupée au ménage pour avoir le temps de me plaindre.

Solomon nourrissait un intérêt aigu pour la mécanique, notamment l'aspirateur en train de tout avaler sur son passage. Il le suivait, tel un détective, le nez collé au tapis. En y repensant, heureusement que la bonne n'était plus là le jour où il décida d'expérimenter l'engin lui-même. Pendant que je déplaçais une chaise, il a envoyé une boule de papier de chocolat dans la bouche de l'aspirateur. Je me suis retournée juste au moment où j'ai vu une longue patte noire disparaître dans l'appareil, et je me suis jetée comme une bombe sur le bouton d'arrêt.

Mme Terry (la bonne en question) n'aurait jamais eu ce réflexe. Elle aurait hurlé, jeté son tablier par-dessus sa tête et se serait évanouie. C'est d'ailleurs ce qu'elle a fait le jour où elle a retiré la grille du radiateur électrique du salon pour la nettoyer. Solomon s'est alors précipité pour se frotter dessus. Le seul résultat fut que, pendant un temps, sa queue porta deux belles stries, là où le poil avait été brûlé. Du coup, il ressemblait moins à un siamois qu'à un caniche, et Sheba ne le lui a pas envoyé dire en jouant les effarouchées chaque fois qu'elle l'apercevait. Je n'ose donc imaginer ce qui aurait pu arriver, du temps de Mme Terry, avec l'aspirateur.

Ces incidents ne sont que des aventures typiques que tout propriétaire de siamois connaît par cœur. Par exemple, pas question de ne pas être debout à cinq heures du matin pour leur ouvrir la porte – sinon Sheba fait dégringoler la lampe de chevet pendant que Solomon nous mord les orteils ; pas question non plus de manger des chocolats qui ne soient pas enveloppés dans du papier d'argent, dont Solomon pourra disposer à loisir – il nous a boudés pendant des lustres parce qu'on nous en avait offert une boîte de deux kilos, dont aucun n'était garni de son papier préféré : « Ils l'ont fait exprès », grommelait-il, inconsolable, en inspectant minutieusement la boîte dès qu'elle était ouverte. Dans le même ordre d'idée, pas question de ne pas laisser en permanence une boîte d'All Bran sur le sol de la cuisine comme en-cas pour les petits creux ; s'il n'y en avait pas, Solomon ouvrait le placard et cherchait lui-même le paquet, avec les résultats désastreux que l'on imagine. En fait, ces menus incidents ne sont pas graves. Nos chats étaient des êtres plutôt casaniers, qui se précipitaient à toute allure chaque fois qu'ils voulaient s'assurer que nous n'étions pas partis nous promener sans eux – ou, plus important, que nous ne mangions pas quelque chose derrière leur dos.

Le plus inquiétant aura quand même été ce matin où, comme je battais le rappel, au lieu de voir débouler les compères impatients de découvrir ce qu'on allait leur offrir au petit déjeuner, je ne récupérai que Sheba. Elle se présenta dans la cuisine, l'air ennuyée et perdue, pleurant anxieusement pour nous dire que Solomon avait disparu. Elle le chercha partout, mais ne savait manifestement pas où il se trouvait.

Nous n'étions pas encore au courant mais Solomon, fatigué des contraintes de la civilisation, était parti jouer les explorateurs – et, comme certains d'entre eux, s'en était remis à la providence. Quand nous l'avons retrouvé une heure plus tard, après avoir ratissé les environs, ce fut dans un champ à presque deux kilomètres de distance, en compagnie de deux énormes oies qui paraissaient très en colère. J'étais hors d'haleine. Lui, il s'était calé dans un coin en se démanchant le cou pour surveiller les volatiles et prendre des dispositions au cas où ceux-ci viendraient le chatouiller de trop près ; mais pour une fois, il ne faisait pas le clown avec eux – ni avec moi. Il était mort de peur. Ses oreilles étaient dressées comme deux points d'exclamation horrifiés. Il avait les yeux qui lui sortaient presque de la tête. Quand je l'ai appelé, il m'a répondu par un long cri désespéré qui indiquait que si je ne me dépêchais pas, ces cannibales allaient lui faire un sort.

Je suis donc allée le cueillir, m'enfonçant jusqu'à mi-cuisse dans un fourré d'orties brûlantes, puis me courbant par-dessus une clôture de barbelés. Là, je l'ai attrapé par la peau du cou. D'après l'expression des oies, il était évident que nous n'avions pas intérêt à nous attarder à visiter le parc et qu'il fallait décamper en vitesse. Rien ne lui servait jamais de leçon, à celui-là. À peine tiré d'affaire, juché sur mon épaule et loin des protestations des bestioles, il retrouva toute sa bonne humeur. Pendant le chemin de retour, il ne cessa de monologuer avec entrain dans mon oreille pour que je n'ignore rien de ce que les oies lui avaient raconté et de ce qu'il leur avait répliqué – avec, subitement, une velléité de retourner sur les lieux pour aller dire leurs quatre vérités à ces satanées volatiles – tentative que je tuai aussitôt dans l'œuf en lui saisissant la queue et en le maintenant fermement contre moi.

Au cours de cette escapade, Solomon, dans sa petite cervelle du moins, s'était mué en un genre de Marco Polo. Dès lors, nous n'eûmes plus un moment de répit. Alertée par des cris qui me faisaient chaque fois tourner le sang, je volais sans cesse à son secours. Un jour, parce qu'il avait eu l'impression qu'elle le poursuivait, il se mit à courser une vache qui était seulement importunée par des mouches. Ce fut un spectacle désopilant. Solomon traversa la prairie comme une flèche, le vent lui soufflant au derrière et ses pattes noires s'agitant comme celles d'un cheval de course – jusqu'au moment où la vache s'est retournée et, croyant voir Buffalo Bill à ses trousses, lui a foncé dessus.

Je l'ai récupéré, cette fois-là, au pied d'un mur où il était acculé, tel un cerf aux abois, avec les cornes de la vache à quelques centimètres seulement de son petit nez noir tout tremblant. Mais le jour où il a énervé un agneau, il a eu moins de chance. Le seul endroit par où il pouvait s'échapper était une haie qui donnait sur un bois, certes, mais en contrebas, et, au moment où il s'y est engouffré en hurlant, la mère du petit se trouvant sur ses talons, il n'eut pas le temps de choisir la meilleure passe. Tandis que je me frayais péniblement un chemin dans les broussailles pour lui venir en aide, je l'ai aperçu sur la ligne de crête puis effectuant un somptueux vol plané dans le vide pour atterrir ignominieusement dans une flaque de boue.

Mais la leçon n'avait toujours pas porté ses fruits. Le lendemain, je l'ai vu – avec sa façon inimitable d'essayer de se cacher derrière chaque brin d'herbe ou de ramper sur le ventre en terrain découvert – qui emmenait un chaton vers ces mêmes bois. Cette fois, je l'ai laissé faire. Son museau charbonneux était avide de découvertes et ses yeux étincelaient d'émerveillement – et il ne pouvait pas, pensai-je, avoir d'ennuis avec un aussi petit chat.

Erreur. Quelques minutes plus tard, j'entendis comme une explosion volcanique, un énorme craquement de branches, puis le silence – et enfin, pour la énième fois, les beuglements de Solomon appelant à l'aide. En se faufilant furtivement sous les halliers, il avait fini, semble-t-il, par tomber sur son ennemi, le chat de la ferme voisine, occupé à une partie de chasse aux rongeurs. Tandis que je me précipitais vers les bois, je croisai le fameux matou qui, rien qu'à voir la façon dont il courait sur la route, devait avoir été aussi effrayé que Solomon par cette rencontre inopinée. Et, de fait, ce n'était pas ce qui motivait à présent l'embarras de mon Christophe Colomb. Il avait trouvé refuge sur un arbre, le chaton à sa suite. Il avait grimpé le premier et se cramponnait au tronc de toutes ses griffes à environ deux mètres de hauteur, tandis que son petit compagnon de jeu, incapable de monter plus haut, s'agrippait lui aussi, juste en-dessous de lui. Et mon Solomon, dans toute sa gloire, magnifique et impressionnant spécimen mâle de la race siamoise, s'égosillait parce qu'un chaton minuscule, pas plus gros qu'une mouche, l'empêchait de redescendre de son perchoir.

Après cela, il évita quelque temps de retourner dans les bois. Il prit ses quartiers sur le mur du jardin en prétendant, quand nous lui avons demandé pourquoi il n'allait plus explorer le vaste monde, qu'il « attendait un camarade ». C'est comme ça qu'il s'intéressa, malheureusement, aux chevaux. Je dis malheureusement parce que, quand il se passionne pour quelque chose, il ne peut pas s'empêcher d'aller y renifler de près, et parce que la directrice du club hippique d'à côté ne fut pas longue avant de nous appeler pour nous prier d'enfermer notre chat quand ses élèves partaient en promenade. Solomon effrayait les chevaux, dit-elle. La petite Patricia était déjà tombée deux fois dans les orties et sa maman n'appréciait pas du tout.

Lorsque nous lui avons répondu d'un ton indigné que ce n'étaient pas des chats qui pouvaient faire peur à des chevaux, elle nous assura que si. Elle me raconta qu'il se terrait dans l'herbe jusqu'à ce que la première monture soit passée puis se précipitait sur la route et courait derrière elle. On aurait dit, ajouta-t-elle, qu'il cherchait à l'imiter – ce qui, bien sûr, était d'un ridicule achevé. Le cheval de tête n'avait pas de problème parce qu'il ne voyait rien de ce qui se déroulait derrière son dos, mais ceux à sa suite, martelait-elle – et nous visualisions parfaitement la scène – devenaient hystériques.

Nous avons donc veillé, après cet incident, à ce que Solomon effectuât ses imitations équestres derrière la fenêtre du hall d'entrée quand des cavaliers venaient à passer devant chez nous. Hélas, s'il n'était pas difficile de prévoir les moments de promenade – le tambourinement des sabots sur le sol et les conseils de l'instructeur pour garder les genoux serrés faisait, d'après le père Adams, plus de vacarme qu'un groupe d'ivrognes en goguette –, c'était une autre histoire en ce qui concernait les promeneurs isolés. Parfois, nous avions le temps de mettre la main sur notre bolide avant qu'il ait pu emboîter le pas à sa dernière idole, jusqu'au bout de la rue. D'autres fois, nous ne nous apercevions qu'un cheval venait de passer qu'au fait que Solomon avait disparu.

C'était très fâcheux. Il mettait parfois deux heures ou plus avant de revenir en trottinant sur ses longues pattes fines, l'air assez penaud, essayant de se faufiler le plus discrètement possible à travers la grille, comme s'il n'avait jamais bougé de chez nous. Nous avons tout essayé, en dehors de la cage, pour le guérir de sa folie ravageuse. Nous sommes même allés jusqu'à acheter quelques poissons, puisque ce qui bougeait l'amusait, et avons installé un aquarium spécialement pour lui dans le salon.

Sheba et Charles ont trouvé les poissons magnifiques. Ils restaient des heures à les regarder vaquer paresseusement d'un bout à l'autre de leur demeure, tels deux amateurs de matchs de tennis qui suivraient le va-et-vient des balles. Mais, quand Solomon découvrit qu'il n'existait aucun moyen d'accès, ni par le haut ni par les côtés, et que les poissons ne se sauvaient pas quand il les fusillait du regard, il perdit tout intérêt pour la chose et s'éclipsa en silence. Ce jour-là, Charles était trop absorbé dans sa contemplation pour remarquer ce départ, ou plus exactement l'approche d'un cavalier, tout de rouge vêtu, qui remontait la route. Moi-même, je me trouvais dans la cuisine. Je n'ai eu vent de cette escapade que lorsque le téléphone a sonné et qu'un fermier habitant à l'autre extrémité de la vallée nous a dit qu'il ne savait pas si nous étions au courant, mais qu'un de nos chats à museau noir s'était mis à suivre l'un de ses chasseurs. Il s'était élancé à sa suite sur la route, ajouta-t-il, en caracolant comme un petit cheval arabe. Mais, comme la monture bottait et qu'il lui avait noué la queue avec un ruban rouge et que...

Je n'ai pas attendu d'en savoir plus. J'ai reposé le téléphone et me suis précipitée. Quand je les ai rejoints, Solomon était toujours derrière le cavalier, qui ne se doutait de rien, et suivait consciencieusement la jolie paire de sabots ferrés aux éclairs meurtriers. Le cavalier me jeta un coup d'œil admiratif quand j'ai pu enfin mettre la main sur Solomon.

— En voilà, un petit diablotin courageux, dit-il. Il m'aura donc suivi tout du long ? Il aurait dû naître cheval.

De toute évidence, le père Adams n'avait pas eu l'occasion de lui parler de Solomon. Il a eu l'air plus décontenancé quand, tenant Bat-Chat fermement par la peau du cou, je lui ai répondu que c'était justement ce genre de remarque qui avait déclenché chez Solomon une étrange passion pour l'univers des chevaux.

DES CHATS D'HONNEUR

Sir *Thomas Edward Gordon*

GORDON, officier britannique en poste aux Indes, rédigea ce texte en 1906.

Pendant vingt-cinq ans, une consigne orale, ajoutée aux ordres écrits destinés à la garde indigène du palais du gouvernement, près de Poona, et qui s'était régulièrement colportée d'une sentinelle à l'autre, stipulait que tout chat franchissant la grille d'entrée au crépuscule devait être considéré comme Son Excellence le gouverneur, et salué en tant que tel. La raison en était que *sir* Robert Grant, gouverneur de Bombay, était décédé en ces lieux en 1838 et que le soir de sa mort on vit un chat sortir du palais par la grille principale, puis aller se promener le long d'une certaine allée, exactement comme lui-même avait eu l'habitude de le faire chaque soir.

Un garde hindou avait observé le phénomène et en avait informé ses coreligionnaires, qui se perdirent en diverses conjectures au terme desquelles un membre de la caste des prêtres, se référant au mystère du dogme concernant la transmigration de l'âme d'un corps à un autre, interpréta ces circonstances comme la preuve que l'esprit du disparu avait investi un animal domestique. Comme il était difficile de savoir exactement lequel, on décida que tous les chats passant par la grande entrée après la tombée de la nuit seraient traités avec le respect et les honneurs qui lui étaient dus. Cette décision fut acceptée sans discussion par les serviteurs indigènes et autres personnels attachés aux lieux. La garde, du cipaye au sibadar, acquiesça à cette règle, et ordre fut donné aux sentinelles en faction à l'entrée de « présenter les armes aux chats qui, le soir venu, passeraient par là ».

LE CHAT DE SAMUEL JOHNSON

SAMUEL JOHNSON (1709-1784) vécut onze ans au numéro 17, Gough Square, à Londres, dans une maison qu'il partagea avec son chat bien-aimé, Hodge. C'est dans ce lieu qu'il rédigea le dictionnaire qui le rendit célèbre. Hodge lui tint compagnie pendant toutes ces années de labeur, qui aboutirent à l'œuvre monumentale que l'on sait. Dans son dictionnaire, Johnson définit le chat en ces termes : « Animal domestique qui attrape des souris ; généralement situé par les naturalistes en bas de l'échelle des espèces léonines. »

Les naturalistes d'alors considéraient peut-être le chat comme un animal inférieur, mais il ne fait aucun doute que notre grand lexicographe tenait, en revanche, son Hodge en très haute estime. Son affection pour les chats en général, et le sien en particulier, nous est rapportée par son biographe, James Boswell dans son ouvrage *La Vie de Samuel Johnson*, publié en 1791. N'étant pas lui-même amateur de félins (et plutôt réputé allergique à ces derniers), Boswell était intrigué par la passion que son ami nourrissait pour Hodge.

Voici ce qu'il écrit :

« Je n'oublierai jamais l'indulgence avec laquelle il traitait Hodge, pour qui il n'hésitait pas à sortir lui-même acheter des huîtres, de peur de laisser ce soin à ses serviteurs, qui, s'exécutant de mauvaise grâce, auraient pu finir par prendre la pauvre créature en grippe. Je fais malheureusement partie de ces gens qui n'aiment guère les chats, et c'est pourquoi je ne me sens jamais très à l'aise quand il y en a un dans la pièce où je me trouve. Et je dois dire qu'il m'est souvent arrivé d'être au bord du malaise à cause de la seule présence de ce même Hodge. Je me souviens d'un jour où il était grimpé sur la poitrine de Johnson, apparemment avec délectation, tandis que mon ami, souriant et lui susurrant des douceurs, lui caressait le dos juqu'au bout de la queue. Quand je remarquai que c'était un beau chat, il me répondit : "Oui, n'est-ce pas, monsieur, mais j'ai eu des chats que j'ai aimés plus que celui-ci." Puis, comme s'il avait perçu quelque désarroi chez Hodge, il s'empressa d'ajouter : "Mais, il est très beau, vraiment très beau". »

Nous ne savons pas exactement quand Hodge est mort, mais nous avons appris qu'au moment où il était au plus mal, Johnson était sorti pour lui trouver de la valériane (genre d'herbe-à-chats) afin de rendre ses dernières heures aussi agréables que possible.

Un monument funéraire à la mémoire de Hodge – une statue de bronze grandeur nature à son effigie, signée du sculpteur Jon Buckley – fut inauguré le 26 septembre 1997 par le lord-maire de Londres, *sir* John Cook. Ce Hodge de métal, couché sur un dictionnaire, avec des huîtres à ses pieds, fait figure de gardien merveilleux face à la maison qu'il a habitée pendant tant d'années avec son maître si dévoué.

HEATHCLIFF

Lloyd Alexander

D’OÙ VENAIT-IL, et quelles furent les circonstances qui avaient présidé aux premières années de sa vie, je l’ignore. Quand il est arrivé, il était déjà adulte – en tout cas mature, ni très jeune ni très vieux. Je ne saurais dire non plus si c’était un chat perdu, un indépendant qui avait opté pour la liberté ou bien un animal abandonné ou simplement négligé par un maître précédent. Disons que c’était un persan bleu, bien que son pelage tournât davantage au gris et fût un peu plus court que selon les critères officiels. Mais il avait du style. Et des formes indéniablement nobles – ce qui amplifiait encore le mystère. Comme les persans sont rarement élevés dans des environnements très modestes, celui-ci devait avoir connu une existence opulente, mais il donnait l’impression de préférer qu’on n’évoquât pas son passé.

Un après-midi à la fin de cet hiver-là, j’ai aperçu mon chat, Rabbit, en train de jouer sur la pelouse avec un inconnu. Je suis sorti pour y regarder de plus près, mais le nouveau venu est allé se réfugier dans les hortensias. Nombreux sont les chats qui ne se laissent pas approcher facilement par les hommes. La peur de recevoir des coups ou des pierres les rend méfiants. Les spécimens errants, en particulier – et ils ont malheureusement raison –, considèrent les humains comme leurs ennemis naturels. Il faut donc y aller doucement et déployer beaucoup de diplomatie avant qu'un rapport de confiance puisse s'établir. Mais Heathcliff opta pour des préliminaires rapides en émergeant soudain du bosquet et en traçant aussitôt plusieurs cercles autour de moi. Finalement, il se frotta la tête contre mes jambes, me permettant ainsi de l'observer de plus près.

C'était un chat de mélodrame, sale et trempé comme une soupe. Il avait de longues moustaches hirsutes qui se détachaient de sa tête massive, et sa queue flottait comme un vieux chiffon au bout d'un bâton. Un collier de poils tachetés lui dessinait comme une collerette et ses cuisses charnues ressemblaient à des culottes d'équitation. Ses longs poils étaient pourtant trompeurs : quand j'ai passé ma main sur son dos, j'ai compris en sentant ses os sous la peau qu'il était très maigre.

Les deux chats, le mien et celui-là, semblaient tellement bien s'entendre, se courant après et faisant la course, que j'ai d'abord imaginé que Heathcliff habitait dans le voisinage et faisait partie de la bande locale. Pourtant, je remarquai qu'il restait volontiers sur ma pelouse tout l'après-midi : visiblement, rien ne l'appelait ailleurs. Puis, à l'heure des repas, il commença à apparaître à la porte de la cuisine avec Rabbit.

Je n'avais pas l'intention d'adopter un autre pensionnaire. Je m'étais tellement attaché à Rabbit depuis l'année précédente que prendre un second protégé me paraissait relever de la trahison. Rabbit comblait tous mes besoins, pensai-je, mais je n'avais pas encore pris conscience à quel point ceux d'un « accro » des chats peuvent s'étendre à l'infini. Pourtant, comment refuser à manger à cette bête ? La seule vision de Rabbit engloutissant sa viande à sa place habituelle, à côté de l'évier, était une telle torture pour l'inconnu que, en dépit des avertissements de Janine, je lui ai préparé une assiette avec un peu de viande que j'ai déposée sous la véranda.

Jusqu'alors, je n'avais jamais entendu parler de ce contrat selon lequel un homme qui nourrit un chat se voit obligé de continuer de le faire aussi longtemps que l'un et l'autre vivront. Apparemment, Heathcliff, qui connaissait mieux cette loi que moi, insista pour que je m'y conforme à la lettre. Il disparaissait au crépuscule mais, le lendemain matin, je le retrouvais sous la véranda, attendant son petit déjeuner. Avec ses grands yeux fiers de hibou et sa queue déplumée, il me rappelait un acteur au chômage qui serait entré dans un grand restaurant avant l'arrivée des clients : devant une table vide, la serviette autour du cou, il patiente en essayant de faire croire qu'il va payer sa note, en se demandant combien de temps « ils » vont mettre avant de l'expulser. Quand il m'a vu, Heathcliff s'est roulé sur le dos et s'est mis à ronronner bruyamment. Je lui ai donné une assiette de lait.

Après cela, je l'ai rencontré dans tous les coins. Notre maison possédait trois portes – devant, sur le côté et à l'arrière, pour la cuisine –, et on aurait dit que Heathcliff avait le don d'ubiquité. Il était partout à la fois. Si je sortais par-devant, il essayait de se faufiler dans le salon ; si c'était par le côté, il surgissait de derrière un des poteaux de la véranda ; quant à la porte de la cuisine, il y était étalé de tout son long. Où que ce fût, dès qu'il me voyait ou me sentait, il accourait aussi vite qu'il pouvait, les moustaches en alerte, pour me demander la permission d'entrer à la maison.

Je me suis donc résigné à lui donner à manger, mais je n'étais pas encore convaincu qu'il fallait le laisser entrer. C'était aussi l'avis de Rabbit. Bien que Heathcliff fût le seul chat qui lui inspirât une affection immédiate, il ne l'autorisait jamais à disposer d'une totale liberté. Si Heathcliff essayait de se frayer un passage jusqu'à la cave en passant par le soupirail, Rabbit lui en bloquait l'ouverture et le menaçait d'un coup de patte. Mais Heathcliff parvenait parfois à s'y introduire et Rabbit le pourchassait parmi tonneaux et cageots, et l'expédiait dehors avant qu'il trouve l'escalier menant à l'intérieur de la maison. Ailleurs, Rabbit défendait sa propriété en employant des méthodes qui n'étaient pas toujours dans les meilleures traditions sportives.

Le toit de la cabane à outils, près de la maison, formait une excellente tour de guet et Rabbit avait l'habitude d'y prendre ses bains de soleil à certaines heures de la journée. Il avait découvert le moyen de grimper là-haut en prenant appui sur un mince rebord de fenêtre, d'où il pouvait ensuite s'élancer sur les gouttières. Heathcliff se dit un jour que ce serait amusant de partager cet endroit avec Rabbit, mais il n'avait pas appris les manœuvres nécessaires pour y parvenir. Il tenta d'escalader directement le mur. N'ayant jamais été agile, il ressemblait à un homme entortillé dans une cape à la Sherlock Holmes et tentant de venir à bout d'une falaise escarpée. Malgré tout, il s'en sortit assez bien et atteignit les gouttières.

Mais il ne maîtrisait pas le coup de reins que Rabbit effectuait pour passer par-dessus et il se retrouva pendouillant à mi-hauteur, retenu par ses seules griffes au bord de la gouttière. Rabbit observa toute la scène, puis se leva pour lui administrer une claque. Heathcliff lâcha prise et retomba sur le sol. Chaque fois qu'il grimpait, Rabbit le repoussait. Heathcliff finit par abandonner ce projet.

Une autre fois, il devait s'être rendu coupable d'un manquement à l'étiquette, car Rabbit le pourchassa jusque sur l'érable. Tandis que Heathcliff arpentait une branche, furieux, Rabbit l'attendait en bas pour lui infliger une correction. Heathcliff resta coincé jusqu'à l'heure de la soupe.

En dehors de ces légers différends, leurs relations étaient des plus cordiales et j'ai pensé que je pourrais employer Heathcliff pour seconder Rabbit dans son travail au jardin. J'avais converti l'ancien chenil en cottage pour chats, mais Heathcliff déclina l'invitation. En revanche, il accepta d'installer ses pénates dans la cabane à outils. À contrecœur, cependant, car il avait un bien meilleur projet en tête : son but était une bonne place, avec tous les honneurs et gratifications afférents, au sein de la maison.

Heathcliff était le chat des complots, des intrigues et des stratégies grandioses. Au cours de la première semaine qu'il passa ici, il exploita à fond chaque possibilité. En essayant de se rendre invisible, il tenta mille fois de se glisser dans le salon derrière Rabbit. Les rares fois où celui-ci piaillait pour pénétrer dans la maison par l'entrée principale au lieu de passer par la cave, Heathcliff patientait lui aussi pour profiter du moindre espace dès que la porte s'ouvrirait. Sinon, il se tenait sous la véranda et miaulait.

Son installation chez nous s'est produite, en dépit de toutes ses ruses et tactiques, par accident. Une nuit, très tard, j'ai été réveillé par un pépiement frénétique. De ma fenêtre, j'ai aperçu une vague forme voletant autour des mûriers. Le bruit exprimait une situation si désespérée que je me suis rué dehors en pyjama. Je suis tombé sur Heathcliff en train de poursuivre un oisillon rouge-gorge. Bien que trop jeune pour voler avec efficacité, le petit oiseau donnait du fil à retordre au chat en voletant sans arrêt au ras du sol. D'habitude, un jeune oiseau en bonne santé peut résister ainsi pendant un bon moment, mais je savais aussi que cela donnait toutes ses chances au chasseur. J'ai donc attrapé Heathcliff. Comme la cabane à outils comportait un grand espace au bas de la porte, il était évident que Heathcliff pouvait s'y glisser, ressortir et courir achever le travail dès que j'aurais le dos tourné. Inutile donc de l'y enfermer. Et il pouvait s'échapper tout aussi facilement de la cave par le soupirail. Comme je n'avais pas grand-chose sur les reins et qu'il faisait plutôt frisquet, le mieux était de ne pas réfléchir trop longtemps, de ramener Heathcliff à la maison et de l'enfermer dans la cuisine. Je suis ensuite retourné dans le jardin pour récupérer le petit oiseau et le remettre sur une branche de mûrier, puis je suis remonté me coucher.

J'avais omis de rapporter l'incident à Janine et sa surprise, le matin suivant, en entrant dans la cuisine, n'égala que celle de Rabbit. Quand ce dernier y pénétra pour avoir son petit déjeuner, la vision inattendue de Heathcliff dans les lieux – lapant avec délice une assiette de lait – le laissa pantois. Rabbit se transforma aussitôt en un personnage de Halloween, cracha et chassa l'intrus jusque dans le salon. Heathcliff trouva refuge sous le canapé et plus rien ne put l'en faire sortir.

Dépité, Rabbit mangea à toute vitesse et repartit vers ses occupations. Heathcliff resta à l'intérieur et aux alentours immédiats de son sanctuaire durant la suite de la journée. Ce soir-là, quand je vins m'asseoir dans le salon pour lire, Heathcliff sortit de sa cachette et sauta sur mes genoux, comme s'il l'avait toujours fait. Je venais d'adopter un second chat.

Avoir deux protégés ne coûte pas plus cher que d'en avoir un seul, et le plaisir est multiplié par deux. D'abord, je me suis demandé quels problèmes allaient surgir avec des mâles entiers sous le même toit car, à l'époque, je n'étais pas partisan de la castration. Normalement, ils auraient dû mal se supporter, leurs territoires étant trop rapprochés. Mais, en dehors de la vive réaction qu'avait eue Rabbit ce matin-là, leurs relations se poursuivirent sans incidents autres que les querelles habituelles entre amis. Ils avaient décidé, entre eux, d'un modus vivendi en se partageant équitablement la maison et le jardin, comme deux potentats.

D'un commun accord, Rabbit continua d'exercer une totale autorité sur le monde extérieur, tandis que Heathcliff s'appropriait la maison. Après son long combat pour devenir un chat d'intérieur, je suppose qu'il ne voulait pas courir le risque de revoir une porte se fermer en le laissant dehors, et pendant longtemps il ne s'éloigna pas de la véranda.

Il aimait plus particulièrement le rebord de fenêtre de mon bureau. Le soleil y chauffait la majeure partie de la journée et il pouvait se prélasser dans un bonheur absolu et paresseux, son immense queue enroulée autour de lui, me regardant affairé à mes écritures. Il avait également pris possession du canapé du salon et, bien sûr, du lit.

Quand il s'était mis dans la tête de s'installer quelque part, rien ne pouvait le déranger, sauf peut-être l'aspirateur. Sinon, quand nous voulions le déloger d'un endroit, il fallait le prendre dans nos bras et effectuer nous-mêmes le transfert. En revanche, le vrombissement de l'aspirateur le terrorisait. Dès qu'il l'entendait, il courait se terrer aussi loin que possible. Rabbit devait bien ricaner, secrètement, lui qu'aucune machine n'effrayait, en jouant avec le cordon d'alimentation de l'engin tandis que Heathcliff tremblait de tout son corps sous le canapé.

Une autre pièce qui le ravissait était la cuisine. Il ne lui a pas fallu longtemps pour découvrir que ce secteur de la maison était la source bénie de toutes les viandes délectables et autres assiettes de lait. Il éprouvait un intérêt de propriétaire pour ce lieu et aimait veiller à ce que tout y fonctionne bien, notamment que les repas soient servis de façon copieuse, et à l'heure, s'il vous plaît. Il adorait fouiner dans le réfrigérateur, quitte à se retrouver la tête coincée dans la porte. Il sautait également sur le four, mais renonça à cette manie après s'être brûlé la queue.

Dès qu'il entendait un bruit d'assiette dans la cuisine, il se précipitait et se plantait au beau milieu du carrelage ; même au risque de se faire bousculer du pied ou d'avoir la queue écrasée, il n'en bougeait plus.

Quand il voyait qu'on lui préparait un plat, il entamait une espèce de danse de Peau-Rouge en miaulant, en décrivant des cercles et en agitant ses moustaches en tout sens.

Au début, chaque fois que nous lui donnions à manger, il avalait sa nourriture si rapidement que je devais la lui retirer pour qu'il prenne le temps de déglutir ce qu'il avait déjà dans la gueule. Rabbit, lui, mangeait méthodiquement en essayant de ne jamais en mettre à côté, non pas avec lenteur mais avec constance. Heathcliff creusait une tranchée dans la viande et son jus, et renversait le reste de l'assiette par excès de précipitation. Plus tard, quand il comprit que les repas allaient devenir un élément régulier de son existence, il abandonna cette avidité désespérée et s'alimenta d'une façon plus tranquille, reniflant consciencieusement et savourant chaque bouchée, pour terminer en se léchant les moustaches. Rabbit, en comparaison, aurait pu manger deux fois plus que lui dans le même laps de temps.

Heathcliff institua aussi la coutume du médianoche. Auparavant, nous nourrissions Rabbit deux fois par jour : du lait et une boîte le matin, avec parfois un œuf cru ; puis de la viande de cheval hachée ou du foie, le soir, vers six heures. Peu de temps après son arrivée, Heathcliff alla visiter la cuisine en toute fin de soirée en interrogeant bruyamment le réfrigérateur. Il trouva en moi la cible idéale, car je répondis à ses sollicitations en lui donnant une friandise. Quand Rabbit découvrit qu'il allait désormais y avoir quelque chose à grignoter à une heure aussi tardive, il devint lui aussi un supporter enthousiaste du troisième repas, et la collation de minuit dégénéra vite en banquet. Janine et moi craquions souvent nous-mêmes sur des sandwichs et une tasse de café en attendant que les chats aient fini de manger.

Dès que les assiettes étaient vides, nos compères nous signifiaient que notre rôle de maîtres d'hôtel était terminé pour la journée : Rabbit rejoignait son club d'un pas nonchalant, tandis que Heathcliff enroulait sa queue autour de lui pour la nuit.

Leurs arrangements pour dormir suivaient la trame d'un vaudeville dans lequel deux locataires ne se connaissant pas partageraient la même chambre, mais à des moments différents. Si Rabbit ne se livra pas à de lointaines expéditions à partir de Noël, restant dans les environs de la maison pendant la froidure de l'hiver, l'arrivée de l'été lui donna l'irrésistible envie de partir explorer le monde. Il y avait tant de criquets, de souriceaux, de grenouilles et de petites créatures nocturnes s'affairant en tout sens dans l'herbe tendre qu'un chat de son tempérament ne pouvait perdre de temps à se prélasser.

Heathcliff, quant à lui, semblait avoir assez vu de tout cela par le passé et préférait dormir la nuit dans un lit. Il reprit la position qu'avait affectionnée Rabbit, étalé en travers de mes pieds.

Ma femme prétend que j'ai le sommeil agité. Je suis sûr que non, mais je ne puis guère le prouver. Je souffre, il est vrai, d'une légère insomnie et j'admets volontiers qu'avant de m'endormir je me retourne sans arrêt dans le lit. Heathcliff accepta sans broncher cette habitude. Quand je virais de bord, roulant du côté gauche vers le côté droit, que de la position ventrale je me retrouvais sur le dos ou que j'essayais tous les angles de genou pour trouver la meilleure position en chien de fusil, Heathcliff s'efforçait de résister à la tempête en s'agrippant aux draps avec ses griffes comme le rescapé d'un naufrage se cramponne aux deux bords d'un canot de sauvetage. Il lui arrivait parfois d'émettre un ou deux gémissements quand il était par trop bousculé mais, au petit matin, je le retrouvais toujours au même endroit.

À l'aube, au moment où Heathcliff avait l'habitude de se réveiller, Rabbit venait chercher son petit câlin. Il sautait sur le lit et s'installait à la place toute chaude que Heathcliff venait de quitter tandis que celui-ci bâillait, s'étirait, se faisait les griffes sur la carpette et entamait une longue toilette. S'il arrivait à Heathcliff de dormir quelques minutes de plus, Rabbit se couchait tout simplement sur lui.

Leur emploi du temps se chevauchait parfois au cours de la journée. Par exemple, au moment des repas. Mais il y avait une certaine heure, juste avant la tombée de la nuit, où tous deux étaient bien réveillés, sans occupation urgente et disposés à faire du sport sur la pelouse. C'est alors que Rabbit se rendait à l'angle de la cabane à outils et lançait un appel très particulier.

Heathcliff, comme d'habitude, attendait le signal perché sur le rebord de la fenêtre ouverte de la cuisine. Il était à présent presque guéri de sa crainte de rester bloqué dehors et répondait volontiers à l'appel de son camarade. Il sautait par terre, s'échauffait grâce à quelques passes d'armes préliminaires et la compétition athlétique pouvait commencer.

Le programme consistait en une démonstration complexe combinant la boxe, l'escrime, le jiu-jitsu, la savate et la lutte gréco-romaine

Le style des deux chats était sensiblement différent. Rabbit, fin escrimeur, se déplaçait rapidement pour attaquer et lancer un coup de patte ou de dent sur l'échine ou les oreilles de son adversaire. Son pelage court et brillant, et sa souplesse d'acrobate le faisaient ressembler à des éclairs de lumière brune et blanche tandis qu'il effectuait des sauts, des vrilles, puis s'arrêtait net sur place pour de nouveau, l'instant d'après, s'élancer comme une fusée.

Pendant ce temps, Heathcliff imitait le lion de Lucerne en reculant en crabe, sur la défensive. Avec sa crinière bleue ébouriffée toute de guingois et ses yeux d'or qui suivaient chaque pirouette de son adversaire, il attendait le bon moment pour l'attraper. Il était fait pour le corps à corps. Si Rabbit manquait son coup, il lui fonçait dessus et l'enveloppait littéralement en tentant de le maintenir à terre par une bonne prise au niveau de la tête. Parfois, il volait à Rabbit l'initiative des hostilités et se mettait à le houspiller sur tous les tons en proférant de fulminantes menaces.

Quand ils se livraient à ces pugilats, j'avais toujours peur que l'un des deux soit estropié ; or ils s'en sortaient toujours hirsutes mais indemnes. Autant que je m'en souvienne, tous ces matchs se sont terminés sur un score nul.

Ils poursuivaient leurs bagarres jusque après la tombée de la nuit. Quand j'essayais de les deviner dans l'obscurité, je m'imaginais souvent que les buissons étaient une jungle et mes deux lascars des tigres fantomatiques se livrant un combat à mort au sein d'un monde primitif.

Il parut évident, au cours des semaines suivantes, que Heathcliff était devenu mon chat personnel. Je ne pouvais pas changer de pièce sans l'avoir sur mes talons. Si, pour rejoindre une autre partie de la maison, je le laissais à sa sieste sur le lit ou sur le rebord de fenêtre, ce gros chat au poil laineux se retrouvait en deux secondes derrière moi. Quand je me baissais pour le caresser, il se roulait sur le dos avec ravissement – une de ses manifestations de tendresse préférées. Contrairement à Rabbit, il adorait que je le porte et se laissait prendre facilement. Il posait alors son énorme tête dans le creux de mon cou tandis que sa queue s'enroulait autour de mon bras telle une écharpe bleue.

Pour ma part, j'étais toujours heureux de le voir. Mon amour pour Rabbit n'avait pas diminué, mais j'admets que j'avais trouvé flatteur qu'un chat montre un tel intérêt pour ma compagnie. Avec le beau temps, les occupations de Rabbit au-dehors redoublèrent et le plus souvent on ne le revoyait à la maison qu'en toute fin de journée, et encore seulement pour un court instant. Pendant ce temps, Heathcliff restait auprès de moi, au cas où j'aurais de subites envies de lui accorder des câlins. Il semblait fort bien savoir que, tôt ou tard, cela me démangerait, et il voulait être aux premières loges.

Mais la flatterie et le besoin des hommes ne sont pas la spécialité des chats. Même à la maison, Heathcliff semblait parfois aussi distant que s'il avait vécu à des kilomètres de là. Peut-être pour m'apprendre que rien n'est jamais acquis, il lui arrivait de refuser tout contact avec moi. Quand j'essayais de le caresser, il se redressait avec indignation et s'enfuyait comme si j'avais voulu l'étriper. En temps normal, je pouvais me permettre de lui faire toutes sortes d'agaceries, comme de lui ébouriffer sa fourrure ou de lui pincer le bout de la queue. Or, quand il était de mauvaise humeur, il grognait sourdement, et une patte levée, menaçante et pleine de piquants, m'indiquait qu'il n'avait pas envie de plaisanter. Heureusement, cela n'arrivait pas souvent, et il revenait s'excuser à grand renfort de ronrons plus sonores et de roulades plus enthousiastes que jamais.

J'ignore les raisons qui font qu'un animal sélectionne une personne en particulier au sein d'une famille, choisit un individu pour compagnon permanent, en excluant les autres. Quand il en avait le temps, Rabbit, lui, partageait équitablement ses faveurs : il était content de voir ma femme et tout aussi heureux de me voir. Si nous avions envie de câlins, pas de problème, il nous en donnait autant que nous en voulions. Jamais timide avec les étrangers, il traitait nos amis avec politesse et jouait même parfois avec les enfants.

Heathcliff, en revanche, restait constamment à mon côté et nourrissait une aversion définitive envers les inconnus. Il ne s'est jamais sauvé devant eux, mais il secouait ses moustaches d'un air dédaigneux si quelqu'un d'autre que moi essayait de le caresser. Quand nous recevions, il restait couché à mes pieds ou sur mes genoux, et ses yeux jaunes lançaient des éclairs furibonds. Si je m'intéressais par trop à quelque sujet de conversation, il se calait davantage contre moi en m'enfonçant ses griffes dans les cuisses, histoire de me rappeler sa présence. Ou bien se renfrognait d'un air sinistre – une expression terrible et vengeresse qui a, un jour, terrorisé la femme d'un ami. Le résultat fut qu'il n'a jamais bénéficié de la moitié de la popularité du débonnaire Rabbit. Les gens qui ont eu l'occasion de mieux le connaître pendant un temps appréciaient sa personnalité, mais les autres me demandaient souvent pourquoi je tolérais un chat aussi désagréable.

Le favoritisme et la partialité dont je faisais l'objet de la part de Heathcliff suscitèrent quand même certaines critiques de Janine. Elle disait, avec justesse, que c'était elle qui m'avait ouvert à l'univers des chats mais que j'en étais resté au stade du noviciat. Elle affirmait que, si quelqu'un devait mériter une certaine priorité dans les attentions de Heathcliff, c'était bien elle, parce qu'elle s'occupait plus que moi de son confort matériel ; autrement dit, c'était elle qui lui préparait ses repas, lui changeait sa litière et peignait les nœuds inextricables de sa fourrure, opération pour laquelle j'étais bien trop maladroit.

À vrai dire, Heathcliff tirait grand profit de ce désintérêt qu'il lui témoignait car Janine, pour gagner son affection, le couvrait d'attentions et de traitements de faveur.

Néanmoins, il finit par comprendre qu'elle régnait sur la cuisine. C'était en effet à elle, et non à moi, qu'il réclamait sa pitance en secouant la tête et en désignant son assiette. Si elle tardait trop à lui donner sa collation de minuit, il employait un signal qui avait fait ses preuves. Rabbit manifestait ses désirs en grimpant sur la margelle de l'évier, mais Heathcliff, lui, préférait une approche moins directe. Il commençait par faire ses griffes sur le tapis – moyen infaillible pour attirer l'attention de ma femme. Puis il effectuait plusieurs faux départs en direction de la cuisine, dans l'espoir de voir Janine le suivre. Si elle hésitait ou s'arrêtait au milieu du salon, il revenait sur ses pas, traçait des cercles autour d'elle et repartait dans la direction susdite. Parfois, pour le taquiner, Janine feignait de ne pas comprendre ce qu'il voulait. Alors Heathcliff redoublait d'efforts et se livrait avec encore plus d'empressement à l'affûtage de ses griffes, et à ses allées et venues entre le salon et la cuisine. Finalement, quand Janine s'exécutait, il la précédait pour ouvrir la marche en dansant triomphalement devant elle.

Quand il avait fini de manger, il revenait se lover sur mes genoux et ne voulait plus rien savoir de Janine pendant le reste de la soirée.

En dépit de son affection pour moi, Heathcliff considérait que j'avais des manques. Il entreprit de corriger mes défauts avec le même entêtement que celui qu'il avait montré pour pénétrer dans la maison. Je n'avais jamais pris conscience que certaines de mes habitudes étaient déraisonnables, mais il faut croire qu'à ses yeux elles l'étaient et il ne manqua jamais une occasion de le souligner.

Par exemple, il n'aimait pas mes horaires fantaisistes. À cette époque-là, je travaillais comme écrivain indépendant et il m'arrivait d'avoir quelques traductions à faire. Je pouvais m'organiser comme cela m'arrangeait, et je poursuivais souvent très tard ; mon emploi du temps était extrêmement élastique. Parfois je démarrais en toute fin de journée et restais à ma table jusqu'à minuit ou une heure du matin, ce qui ne m'empêchait pas d'être debout le lendemain dès huit heures. Mais le plus souvent, je travaillais jusqu'à des heures indues, auquel cas je dormais jusqu'à midi Après le déjeuner, je me remettais à mon bureau et y passais le reste de l'après-midi. Selon le travail que l'on me donnait, mon organisation changeait sans que la terre entière en soit affectée. Je pouvais écrire tout un après-midi, le soir et la nuit, ne me nourrissant que quand la faim me tenaillait ou même pas du tout. Ma femme avait désapprouvé ce type de fonctionnement dès le début de notre mariage, mais il fallut la persévérance de Heathcliff pour que je change enfin mes habitudes.

Pour commencer, je révisai ma façon d'agir en tenant compte de Heathcliff. Contrairement à Rabbit, c'était un chat de jour. Il se levait de bonne heure et prenait son petit déjeuner aussitôt qu'il réussissait à persuader ma femme de le lui préparer. Revigoré avec du lait et des croquettes, il se sentait d'humeur pour une petite récréation et quelques exercices. Si la nuit il ne bougeait ni ne bronchait jamais, quels que soient mes mouvements, je devenais, en revanche, une proie facile quand, le matin, je m'attardais au lit. Après s'être restauré, il revenait dans la chambre pour savoir ce que je fabriquais, et si j'agitais le moindre petit doigt dans mon sommeil, il sautait sur le lit puis sur moi, m'attrapait les pieds à travers les couvertures ou me courait sur le ventre. Si je ne réagissais pas à ces provocations, il se recouchait à contrecœur près de moi pour un court moment, puis il recommençait la même sarabande. Je dois dire que le simple fait de recevoir sur l'estomac un gros chat qui vous bondit dessus est, en soi, un choc amplement suffisant pour vous réveiller. Et Heathcliff se livra à ce rituel juqu'à ce que, par autodéfense, j'eusse décidé de me sortir désormais du lit à six heures du matin et de me coucher un peu plus tôt le soir.

Pourtant, non content d'avoir obtenu cela, il exigea que je fractionne mes après-midi. C'était un ferme partisan de la sieste après déjeuner : elle démarrait vers trois heures et demie, et l'endroit idéal était mes genoux. Du coup, je ne pouvais plus faire grand-chose. J'étais tellement empêtré que je me suis dit un beau jour que, en fin de compte, ce n'était pas une si mauvaise idée. Depuis, Heathcliff et moi avons fait quotidiennement une sieste d'une heure ensemble.

Peu à peu, j'ai inversé mon emploi du temps, travaillant le jour et prenant mes repas aux heures normales des humains. Cela peut paraître des détails, mais je sais que j'ai rendu d'un seul coup et Janine et Heathcliff beaucoup plus heureux.

Cependant, lui et moi ne sommes jamais parvenus à trouver un compromis sur un point : mon violon. En jouer était pour moi un heureux passe-temps et cela me détendait. Comme tous les amateurs, je poussais parfois mon art dans ses retranchements les plus extrêmes, sciant et grattant mon instrument jusqu'à épuisement. Il n'empêche, je m'y adonnais religieusement au moins une heure par jour, généralement après le dîner.

Je ne peux pas croire que les vibrations des notes puissent par elles-mêmes heurter les oreilles des chats, car Rabbit, à cet égard, n'a jamais protesté. En revanche, Heathcliff, ne pouvait supporter ce bruit. Il trouvait l'instrument désagréable et, pis encore, il ne prenait même pas la peine de nous cacher la haine violente qu'il éprouvait à son égard. Quand il se trouvait avec moi et que je commençais à jouer, il venait miauler et se frotter contre mes mollets en arquant le dos pour avoir une caresse, mais surtout pour me convaincre de laisser tomber mes exercices. Si cela n'avait pas de résultat, il me proposait un jeu. Comme je me tenais dans mon bureau, Heathcliff avait tout le loisir de dénicher ici ou là un morceau de papier froissé qu'il s'empressait de boxer et de faire rouler devant lui. Il l'apportait ensuite au milieu de la pièce, bien en évidence, lui donnait quelques coups et m'envoyait des œillades éloquentes pour m'inviter à le rejoindre dans une partie. Finalement, quand tout avait échoué, il passait à l'action directe. Il se dressait alors sur ses pattes arrière, debout contre mes jambes et m'enfonçait un bon coup de griffes dans les genoux. Plus je jouais, plus il insistait en miaulant et feulant. J'ai essayé d'utiliser une sourdine, mais cela ne lui a pas convenu davantage.

La solution qui consistait à le laisser à la porte n'était pas meilleure. Il avait beau détester le son du violon, dès qu'il entendait les premières notes, où qu'il fût – dans la cuisine, dans la chambre ou ailleurs –, il accourait dans le bureau. En été, avec les fenêtres grandes ouvertes, il percevait mes concerts depuis le fond du jardin et, laissant en plan toutes ses occupations, arrivait comme une flèche pour m'exprimer ses récriminations.

Comme il se doit, je lui ai cédé en écourtant mes récitals. Si ma femme pouvait le remercier pour m'avoir fait changer de rythme de vie, je suis sûr que mes voisins pouvaient lui décerner une médaille pour avoir mis fin aux désagréments que mes ambitions musicales n'avaient pas manqué de leur faire subir.

Les chats exercent sur nous une impression que notre imagination peut développer. Ce n'est pas un crime et c'est même pour cela que nous les aimons. Mais je n'en ai jamais rencontré un qui ait produit autant d'effets aussi divers sur moi que mon Heathcliff. Au tout début, avec son poil misérable et ses fanfaronnades ridicules, je lui avais trouvé des allures de bateleur, d'escroc ou de clown. Puis, grâce à ses airs mystérieux et à ses longues méditations sur le rebord de la fenêtre, il devint un poète romantique. Je l'ai aussi souvent comparé à un philosophe, un aristocrate désargenté ou un vieux réprouvé, las des vicissitudes du monde.

Mais, en fin de compte, pour moi, il a toujours été Heathcliff. Je voyais trop d'indépendance en lui, de sauvagerie, avec ses airs de gitan ruminant quelque coup pendable, et pourtant toujours prêt à faire confiance aux autres. Comme j'étais en train de lire *Les Hauts de Hurlevent* quand il est arrivé chez nous, j'ai estimé que son caractère correspondait à celui du héros et je pense que, même sans cela, je lui aurais donné ce nom comme seul possible.

Heathcliff m'a permis de réinterpréter le roman à façon. Pour m'amuser, je lisais, le soir, certains paragraphes à ma femme en insistant bien sur le nom de Heathcliff chaque fois qu'il apparaissait dans le texte. L'effet produit était encore plus remarquable quand le chat se trouvait avec nous. Par exemple, je tombais sur des passages comme celui-ci : « [...] On aurait dit une espèce de gitan à la peau sombre, qui aurait conservé les vêtements et les manières d'un homme du monde, une sorte de gentleman doublé d'un gentilhomme campagnard. car il était assez débraillé tout er ne paraissant pas vraiment négligé. C'est certainement parce qu'il avait hérité d'une belle stature bien droite et arborait un air assez mélancolique. »

Pendant que je lisais, notre Heathcliff clignait ses beaux yeux dorés de hibou en signe d'approbation.

Ce qui nous avait d'abord fait rire finit, malgré nous, par nous étonner. Aujourd'hui encore, je ne peux relire ce passage sans songer à mon chat : « Ses yeux assassins étaient presque clos… les lèvres serrées en une expression d'indicible tristesse… » ou encore « M. Heathcliff, lugubre et taciturne ».

Je ne pense pas que cette relecture ait dénaturé ma vision du roman. Elle m'a seulement donné l'occasion de m'offrir une nouvelle approche de l'œuvre d'Emily Brontë.

Remerciements

Nous avons apporté tous nos soins pour citer avec exactitude l'origine des droits des textes reproduits dans cet ouvrage. Si, malgré tout, une erreur devait apparaître, nous nous ferions un devoir, après réception d'une notification en ce sens, de procéder à toutes les corrections nécessaires dans les éditions à venir. Pour nous avoir aimablement permis de publier des extraits de certains ouvrages, nous exprimons ici nos plus vifs remerciements aux éditeurs suivants :

« Les chats de Mme Bond », extrait de *All Things Bright and Beautiful*, de James Herriot, © James Herriot, 1973, 1974. Avec l'aimable autorisation de David Higham Associates Limited.

« Le cerisier » (extrait), de Derek Tangye, © Derek Tangye, 1986. Michael Joseph, 1986.

« Chats de théâtre », d'Andrew Parsons, © 2000. Avec l'aimable autorisation de News International Syndication.

« Le gros chat », de Q. Patrick, © Q. Patrick, 1944. Avec l'aimable autorisation de Curtis Brown Limited.

« Rufus le survivant », extrait de *Particularly Cats and Rufus*, © Doris Lessing 1989. Réédité avec l'aimable autorisation de Jonathan Clowes Limited, Londres, et l'accord de Doris Lessing.

« Minna Minna Mowbray », de Michael Joseph. Avec l'aimable autorisation de Hugh Joseph & Richard Joseph Publishers Limited.

« Une vie de vétérinaire », de John M. Bower. BVSc MRCVS, avec l'aimable autorisation de l'auteur.

« Solomon et Sheba », extrait de *Cats in the Belfry*, de Doreen Tovey. Avec l'aimable autorisation de Serafina Clarke.

Impression réalisée sur CAMERON par

BUSSIÈRE CAMEDAN IMPRIMERIES

GROUPE CPI

à Saint-Amand-Montrond (Cher)
en juin 2004
pour les Éditions du Pré aux Clercs
12, avenue d'Italie
75013 Paris

Composition : Nord Compo

N° d'édition : 185. — N° d'impression : 042843/1.
Dépôt légal : avril 2004.
Suite du 1er tirage

Imprimé en France